나도 영어로
말할 수 있다

완전초보 영어 첫걸음

나도 영어로
말할 수 있다

완전초보

영어

첫걸음

이형석 지음

Vitamin
비타민북 **Book**

머리말 Preface

영어를 공부해 보기로 결심하셨다고요? 영어 공부를 시작하게 된 동기는 사람마다 다르겠지만 영어의 필요성은 굳이 말할 필요도 없습니다.

동사무소를 주민센터로 개명하고 농협조차 NH농협이라고 바꿀 정도니까요. 거리에도 예식장이나 다방은 사라지고 wedding hall(웨딩홀)과 coffee shop(커피숍)만 보입니다. 이런 현상이 옳다고 생각하지는 않지만, 세상이 그렇게 흘러가는 걸 막을 수는 없는 것 같습니다.

과거에는 영어공부를 위해 들을 수 있는 것이 카세트테이프밖에 없었고 읽을거리도 거의 없었지만 지금은 인터넷 공간에서 무수한 동영상이 존재합니다. 게다가 최신 영어 뉴스도 무료로 읽을 수 있고 또 TV로도 영어방송을 쉽게 접할 수 있습니다.

누구나 시작하지만 대부분이 좌절하는 영어공부. 성공비결이 뭐냐고 묻는다면 저는, 결코 지치지 않는 끈기와 인내라고 말씀드릴 수 있습니다. 결국 포기하지 않으면 실력은 좋아집니다. 그리고 집에서 편안한 시간보다는 출퇴근 시간이 묘하게 집중이 잘 됩니다. 저도 전철에서 영어 책이나 소설을 읽기도 하고 또 운전할 때는 FM라디오 교육방송을 즐겨 들었습니다. 운전할 때는 운전에 집중해야 하므로 부담 없이 편안하게 들으시면 됩니다. 운전에 집중해야 하니까 Cd 같은 것을 반복해서 들어도 지루하지 않습니다. 집중적으로 팝송을 공부하고 또 계속해서 듣는 것도 아주 좋은 방법입니다. 어학이란 반복이 필요한 작업이기에 교재는 다양할수록 좋습니다.

하지만 독자 여러분 가운데는 영어를 시작하긴 했지만 또 전처럼 작심삼일로 도중하차하면 쓸데없는 좌절감만 맛보는 건 아닐까 하여 망설이실 수도 있습니다. 하지만 저는 이렇게 생각합니다. 영어 공부에 있어서는 '가다가 중단하더라도 아니 간만 못하리라'가 아니라 "가다가 중단하면 간만큼 이익이다"라고요. 영어를 전혀 모르는 것보다는 조금이나마 I'm sorry. 또는 Thank you.라도 알아들으면 반갑고 공부한 보람을 느낄 수 있을 겁니다. 영어 공부를 결심하셨다면 지겨운 공부라고 생각하지 마시고 취미라고 생각해 보세요. 실행 불가능한 목표를 세우지 마시고 천천히라도 중단하지 않고 계속 가겠다는 마음으로 해보십시오. 영어 공부가 여러분의 인생에 좀더 재미있는 세상으로 가는 관문이 되기를 바랍니다.

저자 올림

우선 기본 코스는 꼭 알아두고 본격 코스는 70% 이상만 이해하고 넘어가자.
어떤 분야를 공부하든 책에 나온 내용을 100% 이해하려고 하면, 너무 힘들어서 대부분 중간에 포기하고 만다. 작심삼일이란 말이 괜히 있는 게 아니다.
뭐든지 잘 하려면 어느 정도 전략이 필요하다. 그리고 포기하지 않으면 결국 정복할 수 있는 것이다.
그리고 영어는 우리말과 문법이나 글씨도 크게 다르지만 발음도 차이가 너무 크다. 따라서 다들 처음엔 의욕적으로 시작해 보지만 얼마 못가서 포기하고 마는 경우가 많다. 영어를 중고교, 대학까지 10년 공부해도 현지인에게 잘 알아듣도록 발음하기는 어렵다.
그러므로 영어를 처음 공부하는 입장에서 발음까지 완벽하게 하려고 하면 부담이 너무 클 것 같다.

이 책의 구성 Characteristics

1 알파벳 익히기

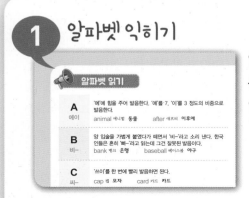

영어의 첫 시작은 알파벳을 익히는 것. 크게 소리 내서 정확하게 읽으며 그대로 써 보세요.

2 그림으로 배우는 단어

아침에 일어나서 다시 잠들기까지 하루 동안 펼쳐지는 우리의 삶을 영어로 표현해 봤어요. 더불어 꼭 알아야 할 숫자, 시간, 월, 요일, 취미 등도 익혀 봐요.

3 본문 이해를 돕는 친절한 설명

기초 학습자를 위해 꼭 알아야 할 문법을 35과로 나누어 외울 필요 없이 알기 쉽고 친절하게 설명했습니다. 일상생활과 밀접한 내용을 위주로 구성하였으며, 모든 문장은 악센트 부분을 표시(한글발음 위에 ·으로 표시)하였으니 주의하면서 읽어 보세요.

4 유머와 명언

본문 중간 중간에 나오는 유머나 명언 등을 한 번 읽어보면 그들의 사고와 정서가 전달되어 회화에도 도움이 될 것입니다.

5 알기 쉬운 문법

영문법의 핵심 포인트를 한 눈에 보기 좋게 표로 설명하였으며, 실전회화를 통해 다시 한 번 머리에 각인되도록 구성하였습니다.

6 영어 회화

해외여행에 꼭 필요한 회화만 엄선하여 수록하였습니다.

7 다운로드 하기

원어민 남녀 성우의 정확한 발음을 CD로 듣거나 콜롬북스를 통해 휴대폰으로 듣거나 MP3파일을 다운받아 들을 수 있습니다.

차례 Contents

P a r t 3 해외여행 영어회화

part 1

완전초보
영어 첫걸음

영어의 글자 Alphabet

우리말 한글은 ㄱ, ㄴ, ㄷ, ㄹ…과 ㅏ, ㅑ, ㅓ, ㅕ…를 결합시켜 글자를 만드는데, 영어에서는 이에 해당하는 글자(a, b, c, d…x, y, z)가 26글자이며 알파벳(alphabet)이라 부른다.

알파벳의 기원은 고대 이집트문자까지 거슬러 올라가며, 이집트문자 → 시나이문자 → 페니키아문자 → 그리스문자 → 에트루리아문자 → 라틴문자의 순으로 변천되었다. 알파벳이란 명칭은 그리스문자의 알파(α 영어의 A)와 베타(β 영어의 B)가 합쳐진 말이다.
기원전 100년 경 로마 지방에서 쓰이던 라틴어에 사용된 글자가 영어 알파벳의 조상이며 프랑스어, 독일어, 스페인어, 이탈리아어에도 공통적으로 사용된다. 일반적으로 로마자라고도 한다.

★ 인쇄체 대문자와 소문자

A	B	C	D	E	F	G
a	b	c	d	e	f	g
H	I	J	K	L	M	N
h	i	j	k	l	m	n
O	P	Q	R	S	T	U
o	p	q	r	s	t	u
V	W	X	Y	Z		
v	w	x	y	z		

★ 필기체 대문자와 소문자

A	*B*	*C*	*D*	*E*	*F*	*G*
a	*b*	*c*	*d*	*e*	*f*	*g*
H	*I*	*J*	*K*	*L*	*M*	*N*
h	*i*	*j*	*k*	*l*	*m*	*n*
O	*P*	*Q*	*R*	*S*	*T*	*U*
o	*p*	*q*	*r*	*s*	*t*	*u*
V	*W*	*X*	*Y*	*Z*		
v	*w*	*x*	*y*	*z*		

이와 같이 26자로 이루어진다.
이렇게 4가지가 있지만 최근엔 필기체 사용이 드물기 때문에 우선 인쇄체 대문
자와 소문자만 익혀두면 충분하다.

A
에이

'에'에 힘을 주어 발음한다. '에'를 7, '이'를 3 정도의 비중으로 발음한다.

animal 애니멀 **동물**　　　after 애프터 **이후에**

B
비-

양 입술을 가볍게 붙였다가 떼면서 '비-'라고 소리 낸다. 한국 인들은 흔히 '삐-'라고 읽는데 그건 잘못된 발음이다.

bank 뱅크 **은행**　　　baseball 베이스볼 **야구**

C
씨-

'쓰이'를 한 번에 빨리 발음하면 된다.

cap 캡 **모자**　　　card 카드 **카드**

D
디-

윗니 안쪽에 혀를 붙였다가 떼면서 '디-'라고 길게 발음한다.

dance 댄스 **춤**　　　deep 딥 **깊은**

E
이-

혀에 힘을 주고 약간 위로 올리고, 입술은 옆으로 벌려 '이-'라 고 발음한다.

egg 엑 **계란**　　　evening 이브닝 **저녁, 밤**

F
에프

'에'에 힘을 주고 '프'는 윗니를 아랫입술에 가볍게 대고 공기를 터뜨린다.

face 페이스 **얼굴**　　　family 페밀리 **가족**

G
쥐-

혀끝을 윗니 잇몸 안쪽에 대고 호흡을 마찰시켜 '쥐-'라고 발음 한다.

game 게임 **장난, 경기**　　　gold 골드 **황금, 금**

H
에이취

'에'에 힘을 주고 단숨에 '에이취'라고 발음한다. 여기에서 '취'의 모음은 거의 발음하지 않는다.

hand 핸드 **손** hill 힐 **언덕**

I
아이

'아'에 힘을 주고 '이'를 약하게 붙인다.

inside 인사이드 **안쪽, 내부** internet 인터넷 **인터넷**

J
제이

혀끝을 윗잇몸에 댔다가 떼면서 '줴이'라고 '줴'에 힘을 주어 발음한다.

joy 조이 **기쁨, 환희** July 줄라이 **7월**

K
케이

혀의 뒷부분을 입천장 근처에 대고 '케'에 강세를 넣어 발음한다.

key 키 **열쇠** king 킹 **왕, 국왕**

L
엘

'엘' 하고 발음하고 나서 혀끝을 입천장에 붙인다.

leaf 리프 **잎, 잎사귀** love 러브 **사랑**

M
엠

'ㅁ'받침은 약하게 콧소리를 낸다. 쓰는 순서가 우리와 다르다.

morning 모닝 **아침** marry 매리 **결혼하다**

N
엔

입을 벌렸다가 '엔'이라고 하면서 혀끝을 윗니 안쪽 잇몸에 댄다.

nose 노우즈 **코** notebook 노우트북 **공책**

O
오우

입술을 둥글게 '오'를 세게 발음하고 '우'를 가볍게 붙인다.

office 오피스 **사무실**　　　open 오픈 **열다**

P
피-

'피'를 강하게 파열시키고 '이'를 가볍게 붙인다.

pocket 파킷 **주머니**　　　poor 푸어 **가난한**

Q
큐-

'큐'를 세게 파열시키고 '우'를 약하게 붙인다.

quarter 쿼터 **4분의1**　　　queen 퀸 **여왕**

R
알-

입을 크게 벌리고 혀를 말아 올리면서 '아'에 힘을 주고 'ㄹ'받침은 약하게 붙인다. 혀는 입천장에 닿을락 말락하지만 닿지는 않는다. 이것이 ㄴ(엘) 발음과의 차이다.

rain 레인 **비**　　　rich 리치 **부유한**

S
에스

'에'에 힘을 주고 '스'를 약하게 하여 '에쓰'가 되지 않도록 주의한다.

sea 씨 **바다**　　　sky 스카이 **하늘**

T
티-

윗니 안쪽에 혀를 붙였다가 떼면서 '티-'라고 세게 발음한다.

teacher 티쳐 **교사**　　　tower 타워 **탑**

U
유-

입을 둥글게 내밀고 '유'에 힘을 주고 '우'를 약하게 붙인다.

uncle 엉클 **아저씨, 삼촌**　　　under 언더 **아래**

V 뷔-	윗니를 아랫입술에 대고 '뷔'라고 강하게 발음한다. F(에프)와 같은 요령이다. village 빌리지 **마을**　　　voice 보이스 **목소리**
W 더블유	'더'에 힘을 주고 '블유'를 약하게 한다. '떠블류'나 '따블류'라고 하면 안된다. wind 윈드 **바람**　　　woman 우먼 **여자**
X 엑스	'엑'에 힘을 주고 '스'를 약하게 이어 붙인다. '엑쓰'가 되지 않도록. Xmas 엑스머스 **성탄절**　　　xylophone 자이러포운 **실로폰**
Y 와이	입술을 둥글게 내밀고 '와'에 힘을 주고 '이'를 가볍게 붙인다. yesterday 예스터데이 **어제**　　　young 영 **젊은**
Z 지-	'즈이'를 빨리 발음한 것과 유사하다. S(에스)와 입모양이 같지만 목떨림 소리이다. J(제이)와는 다른 발음. zero 지어로우 **제로, 영**　　　zoo 주 **동물원**

🔊 발음기호 읽기

1. 모음

a				e		i	
[æ]	[ei]	[ɔː]	[ɛə]	[e]	[i]	[i]	[ai]
애	에이	오 :	에어	에	이	이	아이
album	date	hall	air	egg	event	milk	nice
앨범	데이트	홀ː	에어	엑	이벤트	밀크	나이스
앨범	날짜	홀	공기	계란	행사	우유	멋진

o				u		
[a]	[ou]	[ʌ]	[ɔ]	[ʌ]	[uː]	[juː]
아	오우	어	오	어	우:	유:
body	go	dove	dog	lunch	truth	music
바디	고우	더브	도그	런취	츠루ː쓰	뮤직
몸	가다	비둘기	개	점심	진실	음악

2. 이중모음

ai	ow	oo			ou	oa
[ei]	[ow]	[uː]	[u]	[ɔə]	[au]	[ou]
에이	오우	우:	우	오어	아우	오우
gain	low	soon	cook	floor	out	oak
게인	로우	수ːㄴ	쿡	플로어	아울	오우크
얻다	낮은	곧	요리사	복도	바깥	오크나무

ar	ir	ur	or	er	oi
[aːr]	[əːr]	[əːr]	[ɔːr]	[ə r]	[ɔi]
아 : ㄹ	어 : ㄹ	어 : ㄹ	오 : ㄹ	어ㄹ	오이
card	sir	urge	organ	singer	coin
카ː르드	써ː르	어~취	오ː르건	씽어ː	코인
카드	선생님	재촉하다	오르간	가수	동전

ue		ay	oy	ie		ee
[juː] 유:	[uː] 우:	[ei] 에이	[ɔi] 오이	[ai] 아 l	[i] 이	[iː] 이 :
Tuesday 튜:즈데이 화요일	clue 클루: 단서	may 메이 해도 된다	oyster 오이스터 굴	pie 파이 파이	cookie 쿠키 쿠키	see 씨: 보다

ea		
[iː] 이 :	[iə] 이어	[əː] 어 :
each 이:치 각자	ear 이어 귀	earth 어:쓰 지구

3. 자음

p	b	t	d	k		c
[p] ㅍ	[b] ㅂ	[t] ㅌ	[d] ㄷ	[k] ㅋ	[s] ㅅ	[k] ㅋ
pal 팰 친구	bath 배쓰 목욕	tell 텔 말하다	duck 덕 오리	kiss 키스 키스	cell 셀 칸	cash 캐쉬 현금

g		h	r	l	m	n
[g] ㄱ	[ʤ] 쥐	[h] ㅎ	[r] ㄹ	[l] 받침ㄹ, ㄹ	[m] ㅁ	[n] ㄴ
girl 거:ㄹ 소녀	gentle 젠틀 상냥한	hair 헤어 모발	rest 레스트 휴식	life 라이ㅍ 인생	mate 메이트 짝	noon 눈 정오

s	f	v	q	w	z	j
[s]	[z]	[f]	[v]	[q]	[w]	[z]	[ʤ]
ㅅ	ㅈ	ㅍ	ㅂ	쿠	우	ㅈ	쥐
say	lens	farm	veil	quiz	wide	zone	job
세이	렌즈	팜	붸일	퀴즈	와이드	조운	잡
말하다	렌즈	농장	장막	퀴즈	넓은	구역	직업

x		y		
[ks]	[z]	[j]	[i]	[ai]
받침ㄱ+ㅅ	ㅈ	이	이	아이
fax	Xerox	yard	joy	my
팩스	지락스	야:ㄷ	조이	마이
팩스	복사하다	마당	기쁨	나의

4. 이중자음

br	cr	dr	fr	gr	pr	tr
[br]	[kr]	[dr]	[fr]	[gr]	[pr]	[tr]
ㅂㄹ	ㅋㄹ	ㄷㄹ	ㅍㄹ	ㄱㄹ	ㅍㄹ	ㅌㄹ
broom	crow	drop	free	grab	pride	trap
브룸	크로우	드랍	프리	그랩	프라이드	추랩
빗자루	까마귀	방울	자유로운	움켜쥐다	자존심	덫

bl	cl	fl	gl	pl	sl	sc
[bl]	[kl]	[fl]	[gl]	[pl]	[sl]	[sk]
블ㄹ	클ㄹ	ㅍ을ㄹ	글ㄹ	플ㄹ	슬ㄹ	ㅅㅋ
blow	club	fly	glad	play	slow	scout
블로우	클럽	플라이	글래드	플레이	슬로우	스카우트
불다	모임	날다	기쁜	놀다	느린	정찰병

sh	sk	sm	sn	sp	st	sw
[ʃ]	[sk]	[sm]	[sn]	[sp]	[st]	[sw]
쉬	ㅅㅋ	ㅅㅁ	ㅅㄴ	ㅅㅍ	ㅅㅌ	ㅅ우
shade	skirt	smoke	snap	speed	start	swan
쉐이드	스커트	스모우크	스냅	스피드	스타트	스완
그늘	치마	연기	짤깍 소리	속도	시작	백조

ch		sh	th		wh	nd
[tʃ]	[k]	[ʃ]	[θ]	[ð]	[w(h)]	[nd]
취	ㅋ	쉬	ㅆ	ㄸ	우(ㅎ)	받침 ㄴ+ㄷ
child	ache	ship	thick	then	wheat	send
촤일드	에이크	쉽	씩	덴	위:트	센드
어린이	아픔	배	두꺼운	그때	밀	보내다

nk	ng	nt
[k]	[ŋ]	[nt]
받침 ㅇ+ㅋ	받침 ㅇ	받침 ㄴ+ㅌ
sink	song	ant
싱크	쏭	앤트
가라앉다	노래	개미

1 다음 알파벳을 읽어 보세요.

B H K L M _____

Q R W Y Z _____

2 인쇄체 대문자와 소문자 중에 모양이 동일한 것은?

_____

3 모양이 서로 약간 다른 것은?

_____

4 모양이 서로 헷갈리는 것은 어느 것일까요?

_____

5 모양이 서로 유사한 것은?

_____

* I와 l도 무척 헷갈려요. l은 숫자 1과도 거의 유사한 모양입니다. 인터넷에서 아이디 만들 때 주의하세요. 두 글자는 I love you.(사랑합니다)라는 문장에서 볼 수 있어요.

---

3 Bb Ff Hh Ii Jj Mm Nn Tt Uu Yy **4** b-d p-d p-b f-t **5** E-F I-P R-O-Q
1 비 에이치 케이 엘 엠 / 큐 알 더블류 와이 지 **2** Cc Kk Oo Pp Ss Vv Ww Xx Zz

* g, j, p, q, y는 중간과 아래 한 칸을 차지하는 점을 주의해야 한다.
  b, d, f, h, k, l, t는 중간과 위 한 칸을 차지하는 점을 주의해야 한다.

gold   gold   gold   gold

letter   letter   letter   letter

year   year   year   year

jungle   jungle   jungle   jungle

friend   friend   friend   friend

essay   essay   essay   essay

handbag   handbag   handbag   handbag

perfect   perfect   perfect   perfect

mistake   mistake   mistake   mistake

ticket   ticket   ticket   ticket

interview   interview   interview   interview

station   station   station   station

Time is money.   Time is money.

I like you.   I like you.

Kiss me, please.   Kiss me, please.

The river of no return.

The river of no return.

I want to hold your hand.

I want to hold your hand.

The winner takes it all.

The winner takes it all.

How deep is your love?

How deep is your love?

I've been away too long.

I've been away too long.

You are my everything.

You are my everything.

Please come back to me.

Please come back to me.

Those were the days my friend.

Those were the days my friend.

Sad movies always make me cry.

Sad movies always make me cry.

★ 한글을 알파벳으로 표기하는 규칙

1) 자음

ㄱ g/k	ㄴ n	ㄷ d/t	ㄹ r	ㅁ m	ㅂ b/p	ㅅ s
ㅇ(받침) ng	ㅈ j	ㅊ ch	ㅋ k	ㅌ t	ㅍ p	ㅎ h

2) 모음

ㅏ a	ㅑ ya	ㅓ eo	ㅕ yeo	ㅗ o
ㅛ yo	ㅜ u, oo	ㅠ yu	ㅡ eu	ㅣ i
ㅐ ae	ㅔ e	ㅚ oe	ㅒ yae	ㅖ ye
ㅘ wa	ㅙ wae	ㅝ weo	ㅟ wi	ㅢ eui

ㄱ, ㄷ, ㅂ의 경우 음절 앞에 올 때는 각 k, t, p로 표기하고 받침으로 올 때는 g, d, b가 된다. 'ㄹ'은 앞에 오면 'r', 받침이 되면 'l'로 쓰면 된다. 'ㅇ'은 받침의 경우는 소리가 있지만 앞에 오면 소리가 없으므로 모음만 적는다.

또 'ㅓ'를 u로 표기하는 사람도 많지만 '우'로 읽힐 수가 있으므로 피하는 것이 좋다. 예컨대 '현대'의 경우 Hyundai라고 쓰면 외국인은 거의 '휸다이'라고 읽게 되고 Samsung은 '쌤숭'이라고 발음한다.

성과 이름의 첫 글자는 대문자로 표기한다. 지명도 마찬가지이다.

나희정 Na Heejeong	홍경래 Hong Kyeongrae
성수대교 Seongsudaegyo	김포 Gimpo
윤정화 Yun Jeonghwa	장만옥 Jang Manok

이름 세 글자를 나누어 표기하면, 장길산(Jang Gil San), 김완선(Kim Wan Seon)이 되는데 서양인이 보기엔 뒷글자를 성(姓)으로 생각할 수 있다.

관용적으로 사용되는 성 표기
김 Kim   이 Lee   박 Park   최 Choi   권 Kwon   조 Cho

이 씨는 흔히 Lee라고 표기하지만 두음법칙상 '이'라고 발음하므로 'Yi'라고 표기하는 사람도 많다. 최의 경우는 Choi라고 쓰면 '초이'라고 읽으므로 한국 원음과 차이가 너무 크다. 그래서 Choe라고 표기하는 분들도 많다. '초에'라고 발음하면 '최'의 소리를 살릴 수 있다.

권은 정식으로는 Kweon이지만 Kwon이라고 쓰는 경우가 많다. 화폐단위 원도 마찬가지로 won이라고 쓴다. 규칙이 있지만 편의를 추구하여 조금 변형되는 것이다. 이것은 규칙을 어떻게 만들든 외국인이 그것을 보고 정확히 한글 발음을 할수는 없다는 이유도 있다. 한국에서 거주하며 한글을 배운 외국인은 상당히 정확히 발음하기도 한다.

★ 알파벳 표기 연습

본격적으로 영어 공부에 들어가기 전에 알파벳을 어느 정도 읽을 줄 안다면 단어를 외우기가 쉬울 것이다. 알파벳을 읽고 쓰는 연습을 해보자.

1 다음 영어 단어의 발음을 적어보자.

1 tomato _____   royal _____   talent _____

2 Brazil _____   Hawaii _____   king _____

3 negative _____   story _____   spring _____

2 다음 한글을 알파벳으로 표기해 보자. 예) 감자: gamja

☞ 초급

1 부산	잠실	이수정
2 돌대가리	손가락	공원
3 밀림	아마존	사주팔자

☞ 중급

1 과천	변산반도	광주
2 나폴레옹	명왕성	제부도
3 충청도	강릉	여의도

☞ 고급

1 첨성대	화산폭발	증평
2 태권도	울릉도	당첨금
3 전기밥솥	철학원	명품시계

Daily routine 하루 일과
데일리 루틴

집 **home** 호움

회사 **office** 오피스

운동센터 **gym** 쥠

집 **home** 호움

at home 앳 호움 **집에서**

wake up
웨이컵
(잠에서) 깨다

get up
겟 업
일어나다

brush my teeth
브러시 마이 티스
이를 닦다

wash my face
와쉬 마이 페이스
얼굴을 씻다

shave
쉐이브
면도하다

wash my hair
와쉬 마이 헤어
머리를 감다

put on makeup
풋 온 메이컵
화장을 하다

get dressed
겟 드레스트
옷 입다

have breakfast
햅 브렉퍼스트
아침밥을 먹다

spoon 스푼 숟가락

chopsticks 찹스틱스 젓가락

fork 포크 포크

knife 나이프 칼

dish 디쉬 접시

cup 컵 컵

way to work : transportation
웨이 투 웍 : 추랜스포테이션 **출근길 : 교통편**

go to work 고우 투 웍 출근하다

train
추레인
열차

subway
섭웨이
지하철

car
카
자동차

bus
버스
버스

bicycle
바이시클
자전거

motorbike
모터바이크
오토바이

scooter
스쿠터
스쿠터

airplane
에어플레인
비행기

drive a car
드라이브 어 카
운전을 하다

battery 배터리 배터리
engine 엔쥔 엔진
flat tire 플랫 타이어 펑크
airbag 에어백 에어백
parking 파킹 주차
parking lot 파킹 랏 주차장
no parking 노우 파킹 주차금지

at work 앳 웍   **회사에서**

boss
보스
상사

colleague
컬릭
동료(직원)

junior staff
주니어 스탭
부하 직원

work
워크
일하다

meeting
미팅
회의

business trip
비즈니스 추립
출장

company dinner
컴퍼니 디너
회식

leave the office
리브 더 오피스
퇴근하다

office
오피스
사무실

pay 페이 월급
business card 비즈니스 카드 명함
papers 페이퍼즈 서류
resume 레주메이 이력서
fax machine 팩스 머신 팩스
copier 카피어 복사기

in a gym 인어 짐 **운동센터에서**

workout
워크아웃
운동

gym
짐
체육관

treadmill
트레드밀
러닝머신

trainer
추레이너
코치

yoga
요우거
요가

pilates
펄라티스
필라테스

sports
스포츠
스포츠

soccer 사커 축구
baseball 베이스볼 야구
basketball 배스킷 볼 농구
swimming 스위밍 수영
bowling 보울링 볼링
tennis 테니스 테니스

coming home 커밍 홈 **다시 집으로**

clean up
클린업
청소하다

run the washer
런 더 와셔
세탁기를 돌리다

do cooking
두 쿠킹
요리하다

wash the dishes
와쉬 더 디쉬즈
설거지하다

watch TV
와치 티비
TV를 보다

read a book
리드 어 북
책을 읽다

listen to music
리슨 투 뮤직
음악을 듣다

go to bed
고우 투 벳
잠자리에 들다

take a shower
테이커 샤워
샤워하다

bathroom 베쓰룸 욕실
towel 타월 수건
toilet paper 토일릿 페이퍼 화장지
soap 소웁 비누
toothbrush 투쓰브러쉬 칫솔
toothpaste 투쓰페이스트 치약

numbers 넘버스 **숫자 (기수, 서수)**

□ **1 one** 원
첫 번째(1st) **first** 퍼스트

□ **2 two** 투
두 번째(2nd) **second** 세컨드

□ **3 three** 쓰리
세 번째(3rd) **third** 써드

□ **0 zero** [zíərou]
지어로우

□ **5 five** 파이브
다섯 번째(5th) **fifth** 피프쓰

□ **4 four** 포
네 번째(4th) **fourth** 포쓰

□ **7 seven** 쎄븐
일곱 번째(7th) **seventh** 세븐쓰

□ **6 six** 식스
여섯 번째(6th) **sixth** 식스쓰

□ **8 eight** 에잇
여덟 번째(8th) **eighth** 에잇쓰

□ **9 nine** 나인
아홉 번째(9th) **ninth** 나인쓰

□ **10 ten** 텐
열 번째(10th) **tenth** 텐쓰

	기수 cardinal number	서수 ordinal number
11	eleven 일레븐	열한 번째 eleventh 일레븐쓰
12	twelve 트웰브	열두 번째 twelfth 트웰프쓰
13	thirteen 써틴	열세 번째 thirteenth 써틴쓰
14	fourteen 포틴	열네 번째 fourteenth 포틴쓰
15	fifteen 피프틴	열다섯 번째 fifteenth 피프틴쓰
16	sixteen 씩스틴	열여섯 번째 sixteenth 씩스틴쓰
17	seventeen 쎄븐틴	열일곱 번째 seventeenth 쎄븐틴쓰
18	eighteen 에이틴	열여덟 번째 eighteenth 에이틴쓰
19	nineteen 나인틴	열아홉 번째 nineteenth 나인틴쓰
20	twenty 트웬티	스무 번째 twentieth 트웬티쓰
21	twenty-one 트웬티 원	스물한 번째 twenty-first 트웬티퍼스트
30	thirty 써티	서른 번째 thirtieth 써티이쓰
40	forty 포티	마흔 번째 fortieth 포티이쓰
50	fifty 피프티	쉰 번째 fiftieth 피프티이쓰
60	sixty 식스티	예순 번째 sixtieth 식스티이쓰
70	seventy 세븐티	일흔 번째 seventieth 세븐티이쓰
80	eighty 에이티	여든 번째 eightieth 에이티이쓰
90	ninety 나인티	아흔 번째 ninetieth 나인티이쓰
100	one hundred 원 헌드러드	백 번째 hundredth 헌드럿쓰

time 타임 **시간**

one o'clock
원 어클락   1시

two o'clock
투 어클락   2시

three o'clock
쓰리 어클락   3시

four o'clock
포어 어클락   4시

five o'clock
파이브 어클락   5시

six o'clock
식스 어클락   6시

seven o'clock
세븐 어클락   7시

eight o'clock
에잇 어클락   8시

nine o'clock
나인 어클락   9시

ten o'clock
텐 어클락   10시

eleven o'clock
일레븐 어클락   11시

twelve o'clock
트웰브 어클락   12시

▫ **hour** 시 ----➤   ▫ **minute** 분 ----➤   ▫ **second** 초
아워   미닛   세컨드

□ **spring** 봄
스프링

□ **summer** 여름
썸머

□ **winter** 겨울
윈터

□ **autumn (fall)** 가을
아텀(풜)

months 먼쓰 월

January
재뉴어리 1월

February
페브루어리 2월

March
마취 3월

April
에이프릴 4월

May
메이 5월

June
준 6월

July
줄라이 7월

August
어거스트 8월

September
셉템버 9월

October
악토버 10월

November
노벰버 11월

December
디셈버 12월

days of the week 요일
데이즈 업 더 위크

- Sunday   썬데이   일요일
- Monday   먼데이   월요일
- Tuesday   튜즈데이   화요일
- Wednesday   웬즈데이   수요일
- Thursday   써즈데이   목요일
- Friday   프라이데이   금요일
- Saturday   새터데이   토요일

hobbies 하비즈 취미

reading
리딩
독서

astronomy
어스트라너미
천체관측

model making
마들 메이킹
모형제작

origami
오리가미
종이접기

pottery
파터리
도예

knitting
니팅
뜨개질

photography
퍼타그러피
사진 촬영

cooking
쿠킹
요리

painting
페인팅
그림 그리기

calligraphy
컬리그러피
서예

go
고우
바둑

chess
체스
서양장기

color 컬러 색상

black
블랙
검은색

white
와이트
흰색

gray
그레이
회색

yellow
옐로우
노란색

pink
핑크
분홍색

red
레드
빨간색

green
그린
녹색

purple
퍼플
보라색

brown
브라운
갈색

orange
오린쥐
주황색

ivory
아이버리
상아색

blue
블루
청색

navy blue
네이비블루
짙은 청색

silver
실버
은색

beige
베이쥐
베이지색

p a r t 2

완전초보
영어 첫걸음

인사하기

언어를 배우는 데도 적극적인 성격이 도움이 된다. 하지만 내성적인 성격이라도 상관없다. 하고자 하는 의욕이 문제다. 날 때부터 뭔가를 배워 나오는 사람은 없으니까 처음엔 누구나 서툴다. 그래서 흉내내고 따라해야 한다. 미국 드라마나 영화를 보고 몇 마디라도 용감하게 말해보자.

기본 표현

Good morning, Dad!
굿모닝 댓

안녕, 아빠!

Morning, Tom!
모닝 탐

안녕, 탐!

Hello, Taejin! 헬로우 태진

안녕하세요, 태진 씨!

Hi, Ara! 하이, 아라

안녕! 아라 씨!

꼭 외워야 할 단어

good [gud] 좋은, 멋진
morning [mɔ́ːrniŋ] 아침
dad [dæd] 아빠
Tom 탐(남자 이름)

hello [helóu] 안녕하세요!
hi [hai] 안녕!

Good morning

너무도 친숙한 아침인사로 증권회사, 마트, TV프로에서도 흔히 볼 수 있을 정도다. 좋은 아침이란 뜻. 영어 문장의 첫 글자는 대문자로 쓴다. 친근한 사이에서는 그냥 짧게 Morning!이라고 인사한다.

아버지는 father [파더] 어머니는 mother [마더]이지만, 정식 호칭이라 집 안에서 어린 자녀들이 부를 때는 dad, daddy (아빠)나 mom, mommy (엄마)가 친근하다.

Hello

좀 점잖은 인사 표현. 누구나 들어봤을 것이다. 전화걸 때 "여보세요?"라는 뜻으로도 쓰인다. 이름을 붙여 인사하면 친근감을 준다.

Hi

아는 사이에서 허물없이 친근감을 주는 인사말. 처음 만난 사이라도 부끄러워하지 말고 그냥 Hi!라고 웃으면서 인사하면 훌륭한 영어 인사가 된다.

우리말처럼 "안녕하셨어요" "안녕하십니까" "안녕하세요"라고 복잡하게 변화하지도, 존경어도 없는 것이 영어 인사말의 특징이다. 그리고 상대가 Good morning이라고 인사해 오면 이쪽도 똑같이 Good morning 이라고 응답하면 된다. Hi도 마찬가지다. 인사말 뒤에 상대의 이름(Alice, Bob, Mr. Kim, Miss Jo 등)을 말해주면 상대에게 친근감과 호감을 줄 것이다.

A Good afternoon, Yuki.
굿 앱터눈 유키
안녕, 유키 씨. (점심인사)

B Good afternoon, Hyeongseok.
굿 앱터눈 형석
안녕, 형석 씨.

A Thank you. 쌩큐
감사합니다.

B You're welcome. 유어 웰컴
천만에요.

A Good evening, sir.
굿 이브닝 써
안녕하세요, 선생님. (남자에게만)

B Ah, yes. Good evening.
아, 예스 굿 이브닝
아, 네. 안녕하세요. (저녁인사)

A Good night. 굿 나잇
잘 가요. / 잘 자요. (밤에 헤어질 때 인사)

B Good bye. 굿 바이
잘 가요.

Excuse me. 익스큐즈 미
실례합니다.
I'm sorry. 아임 쏘리
죄송합니다.

Thank you.
(고마워요) 대신에 친근한 사이에선 Thanks.라고 할 수도 있다. 그 대답
으로는 You're welcome (천만에요/ 별말씀을)이라고 말한다.

Good evening, sir.
이름을 모르는 고객에게, 또는 학생이 선생님에게 말할 때는 sir라고 부른
다. 이는 남자에게만 해당되고, 고객이나 선생이 여자라면 madam이라고
한다. 우리나라에선 마담하면 술집여자를 떠올리기 십상인데 이것은 크게
잘못된 호칭의 타락이다. madam은 여성을 정중하게 아주 높여 부르는
호칭이다. 회화에선 d를 생략하여 ma'am [맴]이라고 한다.

꼭 외워야 할 단어

afternoon [æ̀ftərnúːn] 점심 (after는 시
간적으로 뒤, 나중. noon은 정오)
thank [θæŋk] 감사하다
you [ju, jə] 당신, 너
welcome [wélkəm] 환영하다, 환영받는
night [nait] 밤

bye [bai] 안녕(작별)
sir [sər, sə́ːr] (남자) 선생님, 고객님
excuse [ikskjúːz] 용서하다
me [miː] 나를, 나에게
sorry [sári] 미안한

Good night.

좋은 밤이란 뜻으로 밤에 헤어질 때의 인사말이다. '당신에게 좋은 밤이 되기를 바랍니다.'라는 의미. '잘 자라'는 인사도 된다.

Good bye.

작별인사. bye [바-이]라고만 해도 작별 인사가 된다. 친근한 사이에선 Bye-bye라고 한다. 이 인사말이 한국에선 '빠이빠이'가 되었다.

Excuse me.

(실례합니다) 잠시 가벼운 폐를 끼치기 전에 '실례합니다'라고 양해를 구하는 말도 되고 그냥 '미안합니다'라는 의미도 있다.

I'm sorry.

(죄송합니다) 가볍게 사과할 때 가장 흔히 쓰는 인사말이다. 여기는 기본 인사말을 배우는 과정이라 묻거나 따지지 말고 그냥 외우셔야 한다.

평가 문제

1 다음 영문을 해석하세요.

1 dad _____

2 thank _____

3 night _____

4 sorry _____

2 다음 문장을 완성시키세요.

1 _____, Taejin! 안녕하세요, 태진 씨!

2 _____ bye. 잘 가요.

3 Good _____! 안녕하세요!(오후 인사)

3 다음을 영어로 바꿔보세요.

1 죄송합니다. I'm_____

2 감사합니다. _____ you.

3 천만에요. You're_____

be동사 따라잡기 (1, 2인칭)

영어공부를 하면 처음 배우는 게 바로 be(비)동사이다. be동사가 뭔지 몰라도 된다. 여기 나오는 영어 문장을 이해할 줄 알면 된다. 가끔 모르는 말이 나와도 기죽지 말고 계속 공부하시라. 나중에 저절로 알게 된다.

기본 표현

I am Kriesha chu. 아이 앰 크리샤 츄
저는 크리샤 츄입니다.

I am a singer. 아이 앰 어 싱어
나는 가수입니다.

You are Steve Jobs.
유 아 스티브 잡스

당신은 스티브 잡스입니다.

You are a businessman.
유 아 러 비즈니스맨

당신은 사업가입니다.

꼭 외워야 할 단어

I [ai] 나, 저
am [æm] 이다(입니다)
a [ə] 하나의, 한
singer [síŋər] 가수
you [juː] 당신, 너

are [ɑːr] 이다(입니다)
Steve 스티브, 남자 이름
Jobs 잡스, 성(姓). 서양에서는 '이름+성' 순서로 씀
businessman [bíznismæn] 사업가

I

'나'라는 뜻이며 항상 대문자로 쓰인다.

am과 **are**는 같은 뜻으로 '〜이다'라고 해석된다. 자기를 소개할 때는
I am ____. 라고 말하면 된다. ____에는 이름을 넣으면 된다.

우리말에는 띄어쓰기 규칙이 너무 복잡하여 규칙을 정확히 맞히기가 힘들
지만 영어에선 모든 단어를 띄어 쓰므로 아주 쉽다. 이것을 단어 하나하나
우리말로 바꿔보면,

I	am	a	singer.
나는	이다	하나의	가수

바른 우리말로 옮기면 당연히 '나는 하나의 가수이다.' 라고 해야 한다. 따라
서 영어와 우리말은 글자뿐 아니라 단어를 배열하는 순서도 차이가 있음을
알고 있어야 한다. 즉, 우리말에선 '〜이다'가 제일 뒤에 오지만, 영어에선 주
어 다음에 오게 된다.

I am a singer.

영어에서는 셀 수 있는 명사(명사가 뭔지 모르면 15과 뒤의 8품사를 읽을 것)가
하나일 때는 단수(單數, 하나라는 뜻. 둘 이상은 복수(複數)라고 함)라고 하며 명
사(여기에선 **singer**) 앞에 **a**를 붙인다. 왜 **a**를 붙이냐고? 그것은 영어라
는 언어가 한국어와 달리 사람이나 사물을 말할 때 단수냐 복수냐를 중요하
게 따지는 이상한 성격이 있기 때문이다.

You are Steve Jobs.

이름(인명, 지명)을 말할 때는 a가 붙지 않는다. 특정인이나 특정지역은 세상에 하나밖에 없으므로 굳이 '하나의'를 붙일 이유가 없다.

■ Be동사 – am, are, is (아주 아주 중요해요!)

Be[비]동사에 관해 알아봅시다. Be동사는 하나의 동사지만 경우에 따라 am, are, is, was, were, been 등으로 변신을 합니다. 우리말로는 '~이다'란 뜻인데, 왜 영어로는 am, are, is 중에서 골라 쓸까요? 그 이유는 영어의 말 규칙(문법)에서 주어(앞에 오는 중심단어)에 따라 동사가 달라지는 규칙이 있어서 am, are, is 중에서 맞는 것을 써야 합니다.

> **I am a writer.**   나는 소설가입니다.
> **You are a fashion model.**   당신은 패션모델입니다.
> **He is a cook.**   그는 요리사입니다.
> **She is pretty.**   그녀는 예쁘다.

여기에서 am, are, is는 be동사이며 모두 같은 뜻이지만 앞에 나온 주어가 다르기 때문에 이렇게 세 가지로 달라집니다. 즉 나 I 일 때는 am이고 you (당신, 너)일 때는 are, 그 외 제3자일 때는 is가 됩니다. 문법적으로 말하면 I (말하는 사람)를 1인칭, you (말을 듣는 상대)를 2인칭, 기타 제3자 (she, he, it 등)를 3인칭이라 부릅니다.

I am a poor man. 아이 앰 어 푸어 맨
저는 빈곤남입니다.

You are a rich girl. 유 아 러 리치 걸
당신은 돈 많은 여자입니다.

I am a part timer. 아이 앰 어 팟 타이머
나는 알바직원입니다.

You are a customer. 유 아 러 커스터머
당신은 손님입니다.

I am Han Jimin. 아이 앰 한 지민
나는 한지민입니다.

I am a movie star. 아이 앰 어 무비 스타
나는 영화배우입니다.

You are a banker. 유 아 러 뱅커
당신은 은행원입니다.

You are fat. 유 아 팻
당신은 뚱뚱합니다.

꼭 외워야 할 단어

poor [puər] 가난한
man [mæn] 남자
rich [ritʃ] 부유한, 부자인
girl [gəːrl] 소녀, 여자
part timer 알바직원

customer [kʌstəmər] 고객, 손님
movie star [múːvi-staːr] 영화배우
(movie는 영화이고 star는 별, 인기인)
banker [bǽŋkər] 은행원
fat [fæt] 뚱뚱한, 비만인

우리말로는 1인칭을 가리키는 말로 "저, 나, 본인, 소인, 이 사람" 등이 있지만 영어에선 I 만 알면 된다.

우리말에선 2인칭을 가리키는 말이 "너, 당신, 댁, 그대, 귀하, 사장님, 선생님" 등 나이나 신분의 차이를 느끼게 하는 다양한 표현이 있지만 영어에선 누구에게나 you로 말하면 되므로 호칭에서 평등주의가 느껴진다. 부모님께도 거침없이 you라고 말한다. 물론 직접 부를 때는 mommy(엄마)나 daddy(아빠)를 쓴다.

I am~

'나는 ~입니다'라는 뜻이므로 자기 이름이 올 수도 있고 직업, 국적, 성격 등이 올 수도 있다.

You are a banker.

우리나라 지폐를 보면 Bank of Korea라고 적혀 있다. 한국은행이란 뜻이다. 따라서 bank는 '은행' banker는 은행원인데, 창구에서 일하는 어린 여직원이 아닌 직함이 높은 간부 직원을 칭한다.

fat

'뚱뚱하다'는 뜻인데 다른 사람에게 이런 말을 쓰면 큰일 난다. 친하게 지내고 싶다면 절대로 쓰지 말아야 한다. 미국인들은 특히 뚱뚱하신 분들이 많은데 뚱뚱하다고 하면 안 돼고, 통통하다고 말해줘야 한다. 외모에 대해선 완전 거짓말만 아니라면, 가능한 한 듣기 좋은 말만 해줘야 한다. 그게 저쪽 나라의 매너다.

■ be동사의 주어별 변화

주어	be동사 (~이다)
1인칭 (I 나)	am
2인칭 (You 너, 당신)	are

The beginning is the most important part of the work.

시작은 일의 가장 중요한 부분이다. 플라톤

Blessed are the hearts that can bend; they shall never be broken. 마음을 굽히는 자는 복이 있나니 그들은 결코 부러지지 않을 것이다.

알베르 카뮈

평가 문제

1 다음 영문을 해석하세요.

1 I am a writer. _____ _____

2 You are a fashion model. _____

3 I am a part timer. _____

4 You are a customer. _____

2 다음 문장을 완성시키세요.

1 _____ a poor man.　　나는 빈곤남입니다.

2 _____ are _____.　　당신은 뚱뚱합니다.

3 I ____ a _____ star.　　나는 영화배우입니다.

4 You ____ a _____ timer.　　당신은 알바직원입니다.

3 다음을 영어로 바꿔봐요.

1 나는 돈 많은 남자입니다. _____

2 당신은 가수입니다. _____

3 나는 뚱뚱합니다. _____

---

singer. / I am fat.

2 am / You, / are, part **3** I am a rich man. / You are a

1 나는 소설가입니다. / 당신은 패션모델입니다. / 나는 알바직원입니다. / 당신은 손님입니다.

be동사 따라잡기 (3인칭)

be동사는 주어의 인칭마다 모양이 달라진다. 말하자면 be동사는 제일 처음 배우는 동사인데 제일 중요하면서 제일 어려운 동사인 셈이다. 3인칭이 뭐냐고? 나와 너를 제외한 세상의 모든 것이다. 사람도 되고 사물도 되고.

기본 표현

She is Miss Han.
쉬 이즈 미쓰 한

그녀는 한 양입니다.

She is a secretary.
쉬 이즈 어 세크러테리

그녀는 비서입니다.

He is Mr. Gates.
히 이즈 미스터 게이츠

그는 게이츠 씨입니다.

He is a beggar
히 이즈 어 베거

그는 거지입니다.

꼭 외워야 할 단어

she [ʃiː] 그녀. 여성을 가리키는 대명사
Miss [mis] 미혼여성에게 쓰는 경칭
secretary [sékrətèri] 비서
he [hiː] 그, 그 남자

Mr. [místər] 씨(氏), 성인 남자에게 붙이는 경칭
beggar [bégər] 거지, 걸인

She is Miss Han.
남성은 기혼이나 미혼에 상관없이 경칭이 Mr.[미스터]만으로 부르는데 반해, 여성은 미혼일 경우 Miss[미쓰], 기혼일 경우 Mrs.[미시즈]로 불리는 것에 반감을 가진 여성분들은 Ms.[미즈]라는 경칭을 선호한다. 기혼이나 미혼에 상관없이 여성에 사용함.

He is Mr. Gates.
Mr.는 남성을 가리키는 경칭. 원래는 Mister 이지만 간략하게 Mr.라고 표기한다. 점(.)은 글자가 생략됨을 나타낸다. 일반적으로 성인 남성의 성(姓) 앞에게 붙인다. Miss 와 마찬가지로 19세 이상 성인에게 사용한다. Bill Gates(빌 게이츠)의 경우 Mr. Bill이라고 하면 안 된다.

위의 문장에서 제일 앞에 나온 단어 She나 He를 주어(主語)라고 한다. 그 문장에서 주인이 되는 말이란 뜻이다.

실전 회화

Mr. Ma is a heavy drinker.
미스터 마 이즈 어 헤비 드링커　마씨는 술꾼입니다.

Yunjo is a heavy smoker.
윤조 이즈 어 헤비 스모커　윤조는 골초입니다.

He is Mr. Wilson.
히 이즈 미스터 윌슨　그는 윌슨 씨입니다.

Mr. Wilson is a leader.
미스터 윌슨 이즈 어 리더

월슨 씨는 지도자입니다.

She is Ishihara Satomi.
쉬 이즈 이시하라 사토미

그녀는 이시하라 사토미입니다.

Satomi is an actress.
사토미 이즈 언 액트리스

사토미는 여배우입니다.

It is a coin.
잇 이즈 어 코인

그것은 동전입니다.

It is a smart phone.
잇 이즈 어 스맛 폰

그것은 스마트폰입니다.

Time is money.
타임 이즈 머니

시간은 돈이다. (속담)

Knowledge is power.
나리쥐 이즈 파워

아는 것이 힘이다. (속담)

꼭 외워야 할 단어

heavy drinker 술고래
heavy smoker 골초
leader [líːdər] 지도자, 대장, 지휘관
actress [ǽktris] 여배우
it [it] 그것
coin [kɔin] 동전

smart phone 스마트폰
time [taim] 시간
money [mʌ́ni] 돈
knowledge [nálidʒ] 지식
power [páuər] 파워

a heavy drinker

heavy는 '무거운, 대량의, 과도한'이란 뜻입니다. 복싱(boxing)에서 가장 무거운 체급도 heavy [헤비]급이죠. 즉 '지나치게 술을 마시는 사람'이란 의미지요. 반대로 술을 조금 마시는 사람은 light drinker입니다.

an actress

a와 an은 똑같이 '하나의'라는 의미이다. 이것들은 하나라는 개수를 나타내는 말이니까 명사 앞에 오게 된다. 그래서 그 명사가 a, e, i, o, u로 시작하면 a 대신 an을 사용한다. 이유는 발음상의 편리를 위해서이다.
중국어, 일본어, 한국어에는 사물을 세는 단위를 따로 알아야 한다. 예를 들면 사람은 한 명, 말은 한 필, 개는 한 마리, 차는 한 대, 배는 한 척, 종이는 한 장 이런 식으로 사물에 따라 다르다. 하지만 영어에는 이런 구분이 없다. 대신에 어떤 사물을 말할 때 그것이 단수(하나)인지 복수(둘 이상)인지를 표시하는 것이 중요하다.

smart phone

스마트폰은 '똑똑한 전화기'라는 의미. 스마트폰으로는 여러 가지(메일, 위치 찾기, 게임, 사전, 사진보내기 등)를 할 수 있으니까 똑똑한 거 맞죠?

Time is money.

시간을 돈처럼 귀하게 생각하고 행동하면 좋은 인생이 될 겁니다. '뭐니 뭐니 해도 머니가 최고'라고 생각하는 분들이 많지요.

Knowledge is power.

아는 것이 힘이 되므로 책을 많이 읽고 지식을 늘려야 합니다.
Money is power.라고 하면 '돈이 최고' '돈이 장땡이다'라는 뜻이 됩니다.

knowledge에서 첫글자 k는 발음하지 않습니다. 발음하지 않는 글자를 '묵음(黙音)'이라고 합니다. 묵음이 있는 단어는 영어에서 종종 발견됩니다.

예 know [노우] 알다, knife [나이프] 칼, light [라이트] 등, name [네임] 이름

■ 인칭별 be동사 변화

1인칭	I am
2인칭	You are
3인칭 (He, She, It, 모든 사물, 인명)	He is She is It is

평가 문제

1 다음 영문을 해석하세요.

1 He is Mr. Gates. _____

2 She is a secretary. _____

3 Mr. Wilson is a leader. _____

4 Time is money. _____

2 다음 문장을 완성시키세요.

1 Satomi is _____ actress.　사토미는 여배우입니다.

2 Mr. Ma _____ a heavy drinker.　마씨는 술고래입니다.

3 It is _____.　　　　　　　그것은 동전입니다.

4 Knowledge is _____.　　아는 것이 힘이다.

3 다음을 영어로 바꿔봐요.

1 그는 거지입니다. _____

2 그것은 스마트폰입니다. _____

3 그녀는 여배우입니다. _____

be동사로 질문하기

여기에선 초보적인 질문하는 법을 배운다. 정식 영어를 배우는 것이다. 하지만 실제 상황에선 이보다 쉽다. 정식으론 Are you Korean?(당신은 한국인입니까?)이지만 그냥 Korean?이라고 끝을 올려 말하면 똑같이 의사소통은 될 것이다. 하지만 품위 있는 표현은 아니다.

기본 표현

A   **Are you Korean?**   아 유 코리언?
당신은 한국인입니까?

B   **Yes, I am.**   예스 아이 앰
예, 그렇습니다.

A   **Is she Cinderella?**   이즈 쉬 신데렐라?
그녀는 신데렐라입니까?

B   **No, she is not.**   노우 쉬 이즈 낫
아니오, 그렇지 않습니다.

She is Snow White.   쉬 이즈 스노우 와잇
그녀는 백설공주입니다.

꼭 외워야 할 단어

Korean [kəríːən] 한국인
Yes [jes] 예, 긍정을 나타내는 대답
Cinderella 신데렐라, 갑자기 유명해진 사람

No [nou] 아니오. 부정을 나타내는 대답. 어떤 것이 존재하지 않음을 나타내기도 한다.
not [nat] 부정이나 금지를 나타내는 말
Snow White 백설공주

Are you Korean?

의문문(묻는 말)에는 끝에 물음표(?)를 붙이고 끝을 올려 말한다. 이 점은 우리말과 같다.

Yes, I am.

뒤에 Korean이 생략된 형태이다. 하지만 회화에선 Yes만으로도 충분히 통한다. 대답할 때 Yes나 No 뒤에는 쉼표(,)를 찍는다.
부정을 나타내는 not은 am, are, is의 뒤에 온다.

> 예 I am not Chinese. 나는 중국인이 아니다.

The essence of all beautiful art, all great art, is gratitude.

모든 아름다운 예술의 핵심은 감사다.   니체

There is no sadder sight than a young pessimist.

젊은 비관주의자처럼 슬픈 것은 없다.   니체

▪ be동사의 의문문과 부정문 만들기

1. be동사가 든 문장을 의문문으로 만들 때

주어(I, you, she)와 동사(am, are, is)의 위치만 바꾸면 됩니다.

I am a coward. 나는 겁쟁이다.	→	Am I a coward? 내가 겁쟁이입니까?
You are kind. 당신은 친절하다.	→	Are you kind? 당신은 친절한가요?
She is a beauty. 그녀는 미녀입니다.	→	Is she a beauty? 그녀는 미녀입니까?

2. be동사의 부정문(~이 아니다)은 어떻게 만들까요?

→ be동사 뒤에 not만 넣으면 됩니다.

따라서 You are a genius.(당신은 천재다.)를 부정문으로 만들 경우
be동사인 are 뒤에 not을 넣으면 You are not a genius. (당신은 천
재가 아니다.)가 됩니다.

I am a coward. 나는 겁쟁이다.	→	I am not a coward. 나는 겁쟁이가 아니다.
You are kind. 당신은 친절하다.	→	You are not kind. 당신은 친절하지 않다.
She is a beauty. 그녀는 미녀입니다.	→	She is not a beauty. 그녀는 미녀가 아니다.

■ 국명과 국민명

국명	국민명
Australia 호주	Australian 호주인
Canada 캐나다	Canadian 캐나다인
China 중국	Chinese 중국인
France 프랑스	French 프랑스인
Germany 독일	German 독일인
Italy 이탈리아	Italian 이탈리아인
Japan 일본	Japanese 일본인
Korea 한국	Korean 한국인
Russia 러시아	Russian 러시아인
Spain 스페인	Spanish 스페인인
United States 미국	American 미국인
United Kingdom 영국	English 영국인

* 국민명은 정해진 규칙이 없으므로 하나하나 외울 수밖에 없다. 하지만 외우다 보면 끝부분이 ese, ian, ish가 많다는 게 눈에 띈다.

A   **Am I cute?** 앰 아이 큐트 ?
제가 귀여워요?

B   **Yes, you are.** 예스 유 아
예, 그렇습니다.

A   **Is she American?**
이즈 쉬 어메리컨?
그녀는 미국인입니까?

B   **No, she is not.** 노우 쉬 이즈 낫
아니오, 그렇지 않습니다.

   She is German. 쉬 이즈 저먼
그녀는 독일인입니다.

A   **Are you a fashion model?**
아 유 어 패션 마들?
당신은 패션모델입니까?

B   **No, I am not.** 노우 아이 앰 낫
아뇨, 아닙니다.

   I am a waitress. 아이 앰 어 웨이트리스
나는 웨이트리스입니다.

A   **Is he a good man?** 이즈 히 어 굿 맨?
그는 착한 남자입니까?

B Yes, he is.
예스, 히 이즈
예, 그렇습니다.

A Excuse me. Are you Kim Taerin?
익스큐즈 미. 아 유 김태린?
실례합니다. 김태린 씨인가요?

B No, I'm not. I'm Shin Bongsu.
노우 아임 낫. 아임 신봉수
아뇨, 아닙니다. 저는 신봉수입니다.

꼭 외워야 할 단어

cute [kjuːt] 귀여운
American [əmérikən] 미국인
not [nɑt] ~이 아니다
German [dʒə́ːrmən] 독일인

fashion model 패션모델
waitress [wéitris] 여종업원, 웨이트리스
good [gud] 좋은, 착한

Yes, you are.
뒤에 cute가 생략됨.

No, she is not.
뒤에 American이 생략됨.

Are you a fashion model?
당신은~? 이라고 질문을 받았으므로 대답은 Yes, I am.(예, 저는 패션 모델입니다)이라고 대답한다. 아닐 경우엔 No, I am not.(아뇨, 아닙니다)가 된다. 우리는 모델이라고 말하지만 미국식 발음은 마들이라고 합니다.

I am a waitress.
여자 종업원은 waitress [웨이트리스]이고, 남자종업원은 waiter [웨이테]입니다. 회화에서는 I'm ~ 이라고 한다.

Is he a good man? 그는 착한 남자입니까?
he가 착하다면 Yes, he is. (예, 그렇습니다) 그가 착하지 않으면 No, he isn't. (아니오, 그는 그렇지 않습니다)
간단한 문장이지만 이것으로 다양하게 응용할 수가 있습니다. good의 반대말은 bad입니다.

good girl 착한 소녀   good house 좋은 집
bad boy 못된 소년   bad book 나쁜 책

■ 질문에 대한 대답

질문	대답
Am I~?	Yes, you are. 긍정 No, you aren't. 부정
Are you~?	Yes, I am. 긍정 No, I'm not. 부정
Is he(she)~?	Yes, he is. 긍정 No, he isn't. 부정

Prediction is very difficult, especially if it's about the future.
예측은 무척 어렵다. 특히나 그것이 장래에 관한 것이라면. **닐스 보어**

He who is not a good servant will not be a good master.
좋은 머슴이 아니라면 좋은 주인이 될 수 없다. **플라톤**

평가 문제

1 다음 영문을 해석하세요.

1 Are you Korean? _____

2 Am I cute? _____

3 She is German. _____

2 다음 영문을 의문문으로 고치세요.

1 I am a waitress. _____ 나는 웨이트리스이다.

2 He is a good man. _____ 그는 좋은 남자다.

3 You are Taerin. _____ 당신은 태린이다.

3 다음을 영어로 바꿔봐요.

1 당신은 패션모델입니까? _____

2 너는 귀여워. _____

3 실례합니다. _____

4 그녀는 착한 소녀이다. _____

---

1 당신은 한국인입니까? / 내가 귀엽나요? / 그녀는 독일인이다.　**2** Am I a waitress? / Is he a good man? / Are you Taehee?　**3** Are you a fashion model? / You are cute. / Excuse me. / She is a good girl.

완전 초보 영어 첫걸음 | 73

이것과 저것 표현하기

this는 '이것 또는 이 사람'으로 해석할 수 있어서 사물과 사람을 모두 가리킬 수 있다. that은 '저것이나 저 사람 또는 그것'이라는 뜻이 된다. 사물의 이름을 모를 때나 짧게 말하고 싶을 때 사용하므로 this나 that을 대명사라고 한다.

기본 표현

This is a mobile phone.
디스 이즈 어 모바일폰

이것은 휴대폰입니다.

That is an umbrella.
댓 이즈 언 엄브렐러

저것은 우산입니다.

This is a mirror.
디스 이즈 어 미러

이것은 거울입니다.

That is a sofa.
댓 이즈 어 소우퍼

저것은 소파입니다.

꼭 외워야 할 단어

this [ðis] 이것
mobile phone 휴대폰
that [ðæt] 저것, 그것

umbrella [ʌmbrélə] 우산
mirror [mírər] 거울
sofa [sóufə] 소파

this와 that은 it과 마찬가지로 be동사 is를 사용한다. 즉, 말하는 사람
(I, 1인칭), 듣는 사람(you, 2인칭)을 제외한 세상 모든 사람, 사물이 3
인칭이 되는 것이다.

mobile

'움직이는, 이동하는'이라는 뜻. 우리나라에선 핸드폰이라고도 하는데 '핸
드'와 '폰'은 영어지만 핸드폰이란 말은 영어권 사람들에게 통하지 않는 콩
글리시이다. 가능하면 휴대폰이란 말을 쓰는 것이 바람직하다.

This is a mirror.

(mirror는 거울) 자동차의 옆거울은 백미러가 아니라 옆에 있으니까
side mirror[사이드미러]라고 해야 한다.

That is a sofa.

sofa를 '쇼파'라고 말하는 한국인이 많은데 잘못된 발음이다. '소우퍼'라고
해야 한다. fa는 파도 아니고 화도 아닌 웃니를 아랫입술에 대고 가볍게 터
뜨리듯 발음한다.

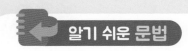

▪ an은 무엇일까?

an은 a와 같은 뜻이라고 했다. 특정한 것이 아니라 일반적인 것(흔한 것)을 가리킬 때 쓰인다. 그런데 차이는 an은 모음(a, e, i, o, u) 앞에서만 쓰인다.

Satomi is an actress. 사토미는 여배우다. (세상엔 여배우가 많지요?)
It is an apple. 그것은 사과다.
She is an idol. 그녀는 아이돌(우상적인 존재)이다.

그런데 예외가 있다. 다음을 보자.
an hour 한 시간
an honest girl   정직한 소녀
a useful computer 쓸모 있는 컴퓨터

여기서는 왜 모음 규칙이 적용되지 않았을까? hour와 honest의 h는 모음이 아닌데도 an이 왔고 useful에서 u는 모음인데 a가 쓰였다.
이유는 honest에서 h가 발음이 나지 않고 o 모음 발음으로 시작되기 때문이다. useful [ju:sfl]도 u의 모음 발음이 아닌 유 [ju] 라는 자음으로 시작되기 때문에 a를 쓴 것이다. 따라서 글자가 아닌 실제 발음이 모음으로 발음 되어야만 an이 사용된다.
a와 an으로 나뉘어 사용되는 이유는 발음상의 편리를 위해서다. a뒤에 모음이 오면 모음이 부딪쳐 발음하기 어려우니까 n을 추가한 것이다.

This is Mr. Carter. 디스 이즈 미스터 카터
이 분은 카터 씨입니다.

That is Miss Nixon. 댓 이즈 미쓰 닉슨
저 분은 닉슨 양입니다.

This is a magazine. 디스 이즈 어 매거진
이것은 잡지입니다.

That is a watch. 댓 이즈 어 워치
저것은 손목시계입니다.

These are my books. 디즈 아 마이 북스
이것들은 내 책들입니다.

Those are tall buildings. 도우즈 아 톨 빌딩즈
저것들은 높은 건물들입니다.

These are old cars. 디즈 아 올드 카스
이것들은 낡은 차들입니다.

Those are new cars. 도우즈 아 뉴 카스
저것들은 새 차들입니다.

꼭 외워야 할 단어

magazine [mǽgəzíːn] 잡지
watch [wátʃ] 손목시계
book [buk] 책, 서적
tall [tɔːl] 키가 큰, 높은

building [bíldiŋ] 빌딩, 건물
old [ould] 오래된, 낡은
car [kaːr] 자동차
new [njuː] 새로운

This is Mr. Carter.

사람 이름을 말할 때는 **a**를 붙이지 않는다.

that

저것이나 저 사람을 가리킬 수 있다. 그것이라는 뜻(눈에 보이는 것을 지시할 때)으로도 쓰인다. it은 그것이라고 해석하기도 하지만 해석하지 않는 것이 더 자연스러울 때가 많다.

> 예 **It's a drum.** 드럼입니다.

tall

사람의 '키가 큰'이란 뜻도 있지만, 빌딩이 '높은'이란 의미도 있다.

this나 **that**은 복수형이 **these**와 **those**이다. 복수형일 때 be동사는 **are**가 온다.

단수	복수
this 이것	these 이것들
that 저것, 그것	those 저것들, 그것들

1 다음 영문을 해석하세요.

1 She is an idol. _____

2 This is a mobile phone. _____

3 That is a sofa. _____

4 This is an apple. _____

2 다음 문장을 완성시키세요.

1 That is a _____   저것은 손목시계입니다.

2 _____ is Miss Nixon. 이 분은 닉슨 양입니다.

3 This is _____.   이것은 잡지이다.

3 다음을 영어로 바꿔봐요.

1 이것들은 내 책들이다. _____ are my _____

2 저것들은 높은 빌딩들이다. _____are_____buildings.

3 이것들은 낡은 차들입니다. _____are_____cars.

4 저것들은 새 차들입니다. _____are_____cars.

this, that의 의문문

this, that을 이용한 질문을 배워보자. 기초를 반복 연습해야 나중에 실력이 쑥쑥 올라가게 된다. 우리말로는 '~입니다'를 '~입니까?'라고 끝의 글자만 바꿔 의문문을 만들지만 영어에선 주어 동사 위치를 바꿔줘야 한다.

기본 표현

A   **Is this a monitor?**
이즈 디스 어 마니터?
이것이 모니터입니까?

B   **Yes, it is.** 예스 잇 이즈
예, 그렇습니다.

A   **Is that a printer?** 이즈 댓 어 프린터?
저것은 프린터입니까?

B   **No, it is not.** 노우 잇 이즈 낫
아니오, 그렇지 않습니다.

It's a photocopier.
잇스 어 포로카피어
그것은 복사기입니다.

꼭 외워야 할 단어

monitor [mánitər] 모니터   **photocopier** [fóutoukàpiər] 복사기
printer [príntər] 프린터

It's a photocopier.

photo가 사진이라는 뜻이라서 영어를 많이 공부한 사람도 사진복사기라고 번역하는 사람이 있는데 그냥 복사기입니다. 사진이든 글자든 모두 복사가 되지요.

This is a computer.

의문문으로 고치면 주어 (This)와 동사 (is)의 위치를 바꾸면 된다. 따라서 Is this a computer? (이것은 컴퓨터입니까?)

우리말은 의문문을 만들 때 '입니다'를 '입니까?'라고 하면 간단히 되지만, be동사가 나오는 문장에선 단어(주어와 동사)의 위치를 바꾼다. 끝을 올려 말하는 것은 영어와 우리말이나 같다.

평서문	의문문
This is a monitor. 이것은 모니터입니다.	**Is this a monitor?** 이것은 모니터입니까?

Is this a monitor? (이것이 모니터입니까?)라고 물으면 Yes, it is. (예, 그렇습니다)라고 답한다.

A **Is this a telephone?** 이즈 디스 어 텔러폰?
이것은 전화기입니까?

B **No, it isn't.** 노우 잇 이즌트
아니오, 그렇지 않습니다.

It's a fax machine. 잇스 어 팩스 머신
그것은 팩스기입니다.

A **Is that a ball-point pen?**
이즈 댓 어 볼포인트펜?
저것은 볼펜인가요?

B **No, it isn't.** 노우 잇 이즌트
아뇨, 그렇지 않습니다.

It's a mechanical pencil. 잇스 어 머케니컬 펜슬
그건 샤프펜입니다.

A **Is this a mouse?** 이즈 디스 어 마우스?
이것은 마우스입니까?

B **Yes, it is.** 예스 잇 이즈
예, 그렇습니다.

A **Are these books?** 아 디즈 북스?
이것들은 책입니까?

B **No, they aren't.** 노우 데이 안트
아뇨, 그렇지 않습니다.

They're notebooks. 데이 어 노우트북스
그것들은 공책입니다.

A   **Are those photos?**   아 도우즈 포우토즈?
그것들은 사진입니까?

B   **Yes, they are.**   예스 데이 아
예, 그렇습니다.

영어 감각 키우는 **문장 뜯어보기**

Is this a telephone?
(이것은 전화기입니까?) telephone은 보통 짧게 phone이라고 말한다.

is not
isn't로 줄여서 쓰고 '이즌트'라고 발음한다. are not은 aren't '안트'가 된
다. 질문의 대답으로 Yes, it is.(예, 그렇습니다)는 정중한 것이며 일상생
활에선 짧게 Yes.라고 해도 충분하다.

꼭 외워야 할 단어

telephone [téləfòun] 전화기
fax machine [fǽks-məʃiːn] 팩스기
ball-point pen [bɔ́ːl-pɔint pen] 볼펜
mechanical pencil [məkǽnikəl
pénsəl] 샤프펜

mouse [maus] 마우스, 쥐
notebook [nóutbuk] 공책
photo [fóutou] 사진

의문문을 만들 때는 주어와 동사의 위치를 바꾼다.

평서문	의문문
This is a mouse. 주어 동사 이것은 마우스입니다.	**Is this a mouse?** 동사 주어 이것이 마우스입니까?

ball-point pen

볼펜은 일본식 용어이며 정식 영어는 ball-point pen이라고 한다. ball
은 둥근 쇠구슬을 뜻하고 point는 볼펜의 끝부분을 말한다. 즉, 끝부분에
쇠구슬이 달린 펜이란 뜻.

mechanical pencil

샤프라는 말은 sharp로 '예리하다'는 말이다. 필기구를 샤프라고 부르는
것은 일본식 용어이며 영어로는 mechanical(기계적인) pencil 또는
automatic(자동의) pencil이라고 한다.

Are these books?

this는 단수지만 these는 여러 개(복수)를 의미한다. 따라서 be동사는 is
가 아니라 are가 된다.

They're notebooks.

우리는 공책을 노트라고 부르는데, 이는 잘못된 표현. note는 종이 한 장에
메모해놓은 것을 말한다. notebook이라고 해야 공책이란 뜻이다.

평가 문제

1 다음 영문을 해석하세요.

1 Is this a telephone? _____

No, it isn't. _____

2 It's a mechanical pencil. _____

3 Is that a mouse? _____

Yes, it is. _____

2 다음 문장을 의문문으로 바꿔보세요.

1 This is a printer. _____

2 That is a monitor. _____

3 It's a photocopier. _____

3 다음을 영어로 바꿔봐요.

1 이것들은 책입니까? _____

아뇨, 그렇지 않습니다. _____

2 그것들은 사진입니까? _____

3 그것들은 공책입니다. _____

---

1 이것은 전화기입니까? 아니요, 그렇지 않습니다. / 그것은 샤프펜입니다. / 그것은 마우스입니까? 네, 그렇습니다. **2** Is this a printer? / Is that a monitor? / Is it a photocopier? **3** Are these books?, No, they aren't. / Are those photos? / They're notebooks.

What(무엇)으로 질문하기

어떤 사물이 무엇인지 몰라서 질문하는 경우 '이건 뭔가요?' '이게 무엇입니까?'
라고 묻는다. 이것을 What is this? 또는 What's this? 라고 한다. 여기 나
오는 what을 의문사(疑問詞)라고 부른다. 의문은 질문이란 뜻이고, '의문사'는
질문을 만드는 말이란 뜻이다.

기본 표현

A   **What is this?** 왓 이즈 디스?

이것은 무엇입니까?

B   **It's a microwave.**

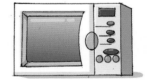

잇스 어 마이크로웨이브

그것은 전자레인지입니다.

A   **What's your name?**

왓츠 유어 네임?

이름이 뭐예요?

B   **My name is Shin Dorim.**

마이 네임 이즈 신도림

제 이름은 신도림입니다.

꼭 외워야 할 단어

what [hwət] 무엇   **name** [neim] 이름, 성명
microwave [máikrouwèiv] 전자레인지

What is this?

What은 의문사라고 하며 의문문의 가장 앞에 위치하여 의문문을 만든다. 의문사에는 what(무엇) 이외에도 who(누구), which(어느 것), when(언제), why(왜), how(어떻게)가 있다. 이것은 우리말에도 '6하 원칙'이라고 하여 뉴스 보도의 필수 요소이기도 하다.

이 6가지 의문사로 시작되는 의문문은 문장 끝을 올려 말하지 않는다. 왜냐하면 의문사가 앞에 나옴으로 해서 의문문임을 나타냈기 때문이다. What is는 What's라고 표기하고 [왓츠]라고 발음한다. 줄임말이다.

It's a microwave.

전자레인지는 정식으로는 microwave oven이지만 짧게 microwave 라고도 부른다.

실전 회화

A   **What's your hobby?**   왓츠 유어 하비?
네 취미는 뭐니?

B   **My hobby is mountain climbing.**
마이 하비 이즈 마운틴 클라이밍
내 취미는 등산이야.

A   **What is that?**   왓 이즈 댓?
그것은 뭡니까?

B **This is a refrigerator.** 디스 이즈 어 리프리저레이터
이것은 냉장고입니다.

A **What's this?** 왓츠 디스?
이것은 뭔가요?

B **It's a blender.** 잇스 어 블렌더
그건 믹서기입니다.

A **What's your favorite food?**
왓츠 유어 페이버릿 푸드?
당신이 가장 좋아하는 음식은 뭐예요?

B **It's pizza.** 잇스 피처
피자입니다.

A **What's this box?** 왓츠 디스 박스?
이 상자는 뭐죠?

B **It's my present.** 잇스 마이 프레즌트
제 선물입니다.

꼭 외워야 할 단어

your [juər] 너의, 당신의
hobby [hábi] 취미
mountain [máuntən] 산
climbing [kláimiŋ] 오르기, 올라가기
refrigerator [rifrídʒərèitər] 냉장고
blender [bléndər] 믹서기

favorite [féivərit] 가장 좋아하는
food [fuːd] 음식
pizza [píːtsə] 피자
box [baks] 상자, 통
present [préznt] 선물

My hobby is mountain climbing.

climb은 '오르다'라는 동사이다. 여기에 ing를 붙여 '올라가기, 오르기'라는 명사가 된다. 비슷한 모양의 명사를 알아보자.

예 fishing 낚시하기, swimming 수영하기, boxing 권투하기, chatting 수다 떨기

This is a refrigerator.

냉장고는 refrigerator지만 구어(문서가 아닌 말로 하는 일상표현)로는 짧게 fridge [프리지]라고 부른다.

It's a blender.

믹서기는 blender라고 한다. 우리가 쓰는 믹서(mixer)라는 말은 시멘트를 섞는 기구라는 뜻이 된다.

What's your favorite food?

제일 좋아하는 음식을 묻는 표현이다. food 대신 다른 말을 넣으면 여러 가지를 물어볼 수 있다.

What's your favorite beer? 제일 좋아하는 맥주가 뭐니?
Who's your favorite singer? 제일 좋아하는 가수가 누구니?

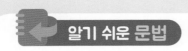

▪ 소유격은 무엇인가?

'내 애인' '형의 자동차' '남식이의 컴퓨터'라는 식으로 소유관계를 나타내는 말을 소유격이라고 한다.

▪ 명사의 소유격

어떤 명사를 소유격으로 만들 때는 단어 뒤에 「's」를 붙인다. 쉼표를 위에 붙이는 것을 아포스트로피(')라고 부른다.

예 My boyfriend 내 남친
   Namsik's house 남식이의 집
   my brother's car 형의 자동차
   a rabbit's ears 토끼의 귀

▪ 대명사의 주격과 소유격

	주격		소유격	
1인칭	I	나는	my	나의
2인칭	you	너는	your	너의
3인칭	he she it	그는 그녀는 그것은	his her its	그의 그녀의 그것의

평가 문제

1 다음 영문을 해석하세요.

1 What's your name? _____

2 What's your hobby? _____

3 What's your favorite food? _____

2 다음 문장을 완성시키세요.

1 My _____ is Shin Dorim. 내 이름은 신도림입니다.

2 My _____ is mountain climbing. 내 취미는 등산이야.

3 _____ this_____? 이 상자는 뭐지요?

4 This is _____. 이것은 믹서기입니다.

3 다음을 영어로 바꿔봐요.

1 이것은 무엇입니까? _____

2 이것은 제 선물입니다. _____

3 저것은 전자레인지입니다. _____

Who(누구), Where(어디)로 질문하기

의문사에는 what(무엇) 이외에 who(누구), which(어느 것), when(언제), why(왜), how(어떻게)도 있다. 여기에선 who와 what, where를 배운다.

기본 표현 📖

A **Who are you?** 후 아 유?
당신은 누구입니까?

B **I'm a banker.** 아임 어 뱅커
저는 은행 간부입니다.

A **Who's that girl?** 후즈 댓 걸?
저 여자는 누구죠?

B **She's a new girl.** 쉬즈 어 뉴 걸
그녀는 신입직원입니다.

She is my friend. 쉬 이즈 마이 프렌드
그녀는 제 친굽니다.

꼭 외워야 할 단어

who [huː] 누구
banker [bǽŋkər] 은행 간부
girl [gəːrl] 소녀, 여자

new girl 신입 여직원
friend [frénd] 친구, 벗

Who are you?

당신은 누구입니까? 라는 뜻인데 이에 대한 대답은 이름을 말하거나 직업을 말하면 된다. who가 의문사이므로 문장 끝을 내려 읽는다.

banker

은행의 고위직을 뜻하고, 일반 창구직원은 bank teller 또는 bank clerk이라고 한다.

Who is

Who's로 줄여서 쓴다. who는 '누구'라는 뜻이므로 who가 문장 앞에 오면 자연히 의문문이 된다. that은 저것뿐 아니라 그것이라고 해석할 수도 있다.

new girl

신입 여직원 또는 신입 여회원으로 해석할 수도 있다. 남자 신입사원은 new man이라고 하면 된다. girl은 소녀가 아니라 그냥 '여자'라고 해석될 경우가 많다.

실전 회화

A **Who am I?** 후 앰 아이?
나는 누구입니까?

B **You are my woman.** 유 아 마이 우먼
당신은 내 여자입니다.

A Who is he? 후 이즈 히?
그는 누구입니까?

B He is my brother. 히 이즈 마이 브라더
그는 내 동생입니다.

A Who is it? 후 이즈 잇?
누구세요?

B I'm Bill. 아임 빌
저는 빌입니다.

A What's her job? 왓츠 허 잡?
그녀의 직업은 뭡니까?

B She's a flight attendant.
쉬즈 어 플라잇 어텐던트
그녀는 스튜어디스입니다.

A Where is my bag? 웨어 리즈 마이 백?
내 가방은 어디 있나요?

B It's here. 잇스 히어
그건 여기 있어요.

꼭 외워야 할 단어

woman [wúmən] 여자
brother [brʌðər] 형제, 형, 남동생
Bill [bil] 빌. 남자 이름(William의 애칭)
job [dʒɑb] 직업, 일

flight attendant [fláit ətendənt] 스튜어디스
bag [bæg] 가방
here [hiər] 여기

Who am I?

(나는 누구일까요?) 일반회화에선 이런 말을 할 사람이 없을 것이다. 장난칠 때나 TV 퀴즈 프로에서라면 주인공을 길게 설명하고 질문으로 나올 법하다.

Who is it?

'누구세요?'라는 뜻이지만 상대가 보이지 않을 때(전화나 현관문 너머로) 쓰는 표현이다. 상대방 모습이 보인다면 당연히 Who are you? 라고 할 것이다.

I'm Bill.

고유명사(사람 이름이나 국가 이름, 지명)는 무조건 첫글자를 대문자로 쓴다. 따라서 반대로 생각하면 문장 중간에 대문자로 시작하는 단어를 보면 사람이나 사물의 이름이라고 생각하면 된다.

She's a flight attendant.

스튜어디스(stewardess)란 표현은 예전 표현이고, 요즘은 flight attendant라고 한다. flight는 '항공, 비행' attendant는 '시중드는 사람'이란 의미. 우리나라에서도 간호원을 간호사라고 하고 청소부를 환경미화원이라고 호칭을 바꾸듯 영어권에서도 비슷한 변화가 있는 것이다.

Where is my bag?

여기에서 is는 '있다, 존재하다'라는 뜻으로 쓰였다. 지금까지는 '~이다'라고만 배웠는데, be동사는 '이다, 있다' 이렇게 두 가지 의미가 있음을 알아두자.

▪ be동사의 간략형

	단수	복수
1인칭	I am - I'm	We are - We're
2인칭	You are - You're	You are - You're
3인칭	He is - He's She is - She's It is - It's	They are - They're

1 다음 영문을 해석하세요.

1 Who are you? _____

2 Who is it? _____

3 She's a new girl. _____

4 She's a flight attendant. _____

2 다음 말을 단축형으로 고치세요.

1 I am _____ You are _____ She is _____

2 He is _____ It is _____ is not _____

3 are not _____ What is _____ Who is _____

3 다음을 영어로 바꿔봐요.

1 나는 누구죠?_____

2 내 가방은 어디 있어요? _____

3 그녀의 직업은 뭐죠? _____

3 Who am I? / Where's my bag? / What's her job?
2 I'm / You're / She's / He's / It's / isn't / aren't / What's / Who's
1 당신은 누구인가요? / 누구세요? / 그녀는 신입생입니다. / 그녀는 스튜어디스입니다.

완전 초보 영어 첫걸음 | 97

복수 대명사 (we, you, they)

우리, 너희, 그들에 해당하는 we, you, they를 배운다. 이중 특이한 것은 you가 '너'와 '너희, 여러분'이란 뜻을 갖고 있어서 단수와 복수가 같은 모양이 라는 점이다.

We are workers.
위 아 워커스

우리는 직원들입니다.

We are not students.
위 아 낫 스튜던츠

우리는 학생이 아닙니다.

You are salesgirls.
유 아 세일즈걸즈

여러분은 여점원들입니다.

You aren't customers.
유 안트 커스터머즈

여러분은 손님들이 아닙니다.

꼭 외워야 할 단어

worker [wə́:rkər] 직원, 일꾼
student [stjú:dənt] 학생

salesgirl [séilzgə̀:rl] 여점원, 여 판매원
customer [kʌ́stəmər] 손님, 고객

You are salesgirls.

1인칭 단수 – 복수는 I → we로 달라지지만 2인칭은 you → you로 똑같으므로 문장 내에서 단수와 복수를 판단해야 한다. 여기에서는 salesgirls가 복수형이므로 주어(You)가 복수임을 알 수 있다.

남자의 경우는 salesman이라고 한다.

판매원, 영업사원, 점원, 외판원 등 여러 가지 의미가 있다. salesman의 복수형은 salesmen이다. 복수형이 될 때 보통은 S만 붙이면 되지만 불규칙적으로 변하는 것도 적지 않다.

man 남자 — men 남자들

woman 여자 — women 여자들

fish 물고기 — fish 물고기들 (단수 복수가 동형)

datum 자료 — data 자료들

실전 회화

A **Hello, everyone!** 헬로우 에브리원
안녕하세요, 여러분!

Are you students? 아 유 스튜던츠?
여러분은 학생입니까?

B **Yes, we are.** 예스 위 아
예, 그렇습니다.

A   **We are Koreans.**
위 아 코리언즈

우리는 한국인입니다.

    Where are you from?
웨러 라 유 프럼

여러분은 어디에서 왔습니까?

B   **We are from England.**
위 아 프럼 잉글런드

우리는 영국에서 왔습니다.

A   **Where are you from?**
웨어라 유 프럼?

당신은 어디 출신인가요?

B   **I'm from Texas.**
아임 프럼 텍서스

나는 텍사스에서 왔습니다.

A   **What day is it today?**
왓 데이 이짓 투데이?

오늘은 무슨 요일이지?

B   **It's Saturday.**   잇스 새터데이

토요일이야.

    Today is Friday.   투데이 이즈 프라이데이

오늘은 금요일입니다.

She and I are good friends.
쉬 앤드 아이 아 굿 프렌즈

그녀와 나는 좋은 친구입니다.

Hello, everyone!
여러분은 everyone 또는 everybody라고도 한다. 여기에서 one은 하나라는 뜻이 아니라 사람이라는 의미.

We're from England.
be동사+from은 '~출신이다'라는 뜻인데 이 말 뒤에는 국가명이나 지방명이 올 수 있다. 영국은 정식으론 United Kingdom이라고 하지만 영국연방의 중심부가 England이므로 이렇게도 부른다.

Where are you from?
Where는 '어디'라는 장소를 묻는 기본적인 의문사이다.

I'm from Texas.
from은 전치사로서 출발(시작) 지점(시점)을 나타낸다.

예 from Seoul to New York 서울에서 뉴욕까지

꼭 외워야 할 단어

everyone [évriwʌ̀n] 여러분, 모든 사람
Korean [kəríːən] 한국인
England [íŋglənd] 영국
Texas [téksəs] 텍사스, 미국의 주

day [dei] 날, 날짜
today [tədéi] 오늘
Saturday [sǽtərdei] 토요일
Friday [fráidei] 금요일

What day is it today?

이 표현은 요일을 묻는 표현이다. 날짜를 물을 때는 What day of the month is today? 라고 묻는다.

She and I are good friends.

그녀와 나를 한꺼번에 가리키는 복수 개념이라서 friends라고 복수형이 되었다.

■ 요일 익히기

요일명은 첫 글자를 대문자로 시작한다. 괄호처럼 간략하게 3글자로 표시하기도 한다.(달력 따위)

일요일	월요일	화요일	수요일
Sunday	Monday	Tuesday	Wednesday
Sun	Mon	Tue	Wed
목요일	금요일	토요일	
Thursday	Friday	Saturday	
Thu	Fri	Sat	

▪ be(비)동사 종합 정리

주어에 따라 모습이 달라지는 be동사는 좀 복잡합니다. 다른 동사는 이렇지 않으니까 겁먹지 마시고요. 영어 배울 때 제일 처음 나오는 동사가 바로 be 동사이며 가장 중요한 동사입니다. 단수는 하나(한 개, 한 사람)라는 뜻이고 복수는 둘 이상이라는 뜻입니다.

단수	be동사	복수	be동사
I 나	am	We 우리	are
You 너	are	You 너희	are
He, She, It 그, 그녀, 그것	is	They 그들	are
This, That, 이것, 저것	is	These 이것들 Those 저것들 둘 이상의 명사	are

I, You, She, He, It, This, That은 단수를 나타내는 대명사. We, You, They, These, Those는 복수를 나타내는 대명사. 대명사(代名詞)란 명사를 대신하는 것입니다.

예를 들면 "노조미는 아주 예쁩니다. 그래서 나는 그녀가 좋습니다." Nozomi is very pretty. So I like her. 여기에선 그녀(her)가 대명사입니다. 이름을 또 반복하면 듣기 답답하기 때문에 대명사는 꼭 필요합니다.

그러면 간단한 테스트입니다. 주어가 **Korea**(한국)라면 be동사는 뭐가 될까요?

→ 사람이든 사물이든 나라 이름이든 하나(단수)이기 때문에 is가 됩니다.

주어가 **I and my mother**라면 be동사는?

→ 나와 엄마니까 두 사람이죠? 둘 이상이면 복수니까 **are**가 됩니다.

That's my gift. I let that negativity roll off a duck's back. If it's not positive, I didn't heat it. If you can overcome that, fights **are easy.** 그것이 내 재능이다. 나는 부정적인 것들을 마치 물이 오리의 등에 미끄러져버리듯 흘려버린다. 만일 그것이 긍정적인 것이 아니라면 난 듣지도 않는다. 당신이 그것을 극복할 수 있다면 싸움은 쉬워진다. **조지 포먼**

In boxing, I had a lot of fear. Fear was good. But for the first time, in the bout with Muhammad Ali, I didn't have any fear. I thought, "This is easy. This is what I've been waiting for." No fear at all. No nervousness. And I lost.

권투 할 때 난 두려움이 있었다. 두려움은 좋은 것이었다. 하지만 처음에 무하마드 알리와 대결에서 나는 두려움이 없었다. 난 생각했다. "이건 누워서 떡 먹기야. 오래 기다려온 경기야." 전혀 두려움이 없었다. 떨리지도 않았다. 그래서 나는 패배했다. **조지 포먼**

It's not the situation, but whether we react negative or respond positive to the situation that is important.

상황이 문제가 아니라, 중요한 상황에서 우리가 긍정적으로 반응하느냐 부정적으로 반응하느냐가 문제다. **지그 지글러**

1 다음 영문을 해석하세요.

1　We are not students. _____

2　You aren't customers. _____

3　She and I are good friends. _____

4　What day is it today? _____

2 다음 영문을 완성시키세요.

1　_____ are workers.　　우리는 직원들입니다.

2　Are _____ students?　　여러분은 학생입니까?

3　Today is _____.　　오늘은 금요일입니다.

3 다음을 영어로 바꿔봐요.

1　당신은 어디 출신인가요? _____

2　나는 텍사스 출신입니다. _____

3　여러분, 안녕하세요! _____

this, that의 복수 these, those

this, that의 복수를 배우고 또 일반 명사의 복수형을 배워보자. 우리말과 달리 영어는 언제나 단수인지 복수인지를 따지는 언어라서 복수 표현이 우리말보다 복잡하다.

기본 표현

A   **What are these?**   와라 디즈?
    이것들은 뭡니까?

B   **They are bicycles.**   데이 아 바이시클즈
    그것들은 자전거입니다.

A   **Are those also bicycles?**
    아 도우즈 올소우 바이시클즈?
    저것들도 역시 자전거입니까?

B   **No, they aren't.**   노우 데이 안트
    아뇨, 그렇지 않습니다.

    They are motorbikes.   데이 아 모러바잌스
    그것들은 오토바이들입니다.

꼭 외워야 할 단어

these [ðiːz] 이것들
those [ðouz] 저것들
also [ɔ́ːlsou] 역시, 또한

bicycle [báisikəl] 자전거
motorbike [móutərbàik] 오토바이

모 아이돌그룹이 부른 노래 가사 중에서 "난 니꺼야~"라는 노랫말이 있던데, 영어로 하면 뭐라고 할까요?
답) I'm yours.

■ **소유대명사**

	주격	소유격	소유대명사
1인칭	I 나는	my 나의	mine 내 것
2인칭	you 너는	your 너의	yours 네 것
3인칭	he 그는 she 그녀는 it 그것은	his 그의 her 그녀의 its 그것의	his 그의 것 hers 그녀의 것 없음

1 다음 영문을 해석하세요.

1 Those are motorbikes. _____

2 What are those flowers? _____

3 Those pretty flowers are mine._____

4 Are those also bicycles? _____

2 다음 문장을 완성시키세요.

1 _____ are tulips.   그것들은 튤립입니다.

2 What are _____?   이것들은 뭡니까?

3 _____dolls are pretty. 저 인형들은 예쁩니다.

4 This _____ necklace is _____.

  이 세련된 목걸이는 그녀의 것입니다.

3 다음을 영어로 바꿔봐요.

1 그것들은 오토바이입니다. _____

2 이 고양이들은 귀엽다. _____

3 이 목걸이는 세련되었다. _____

---

1 저것들은 오토바이들입니다. / 저 꽃들은 무엇입니까? / 저 예쁜 꽃들은 제 것입니다. / 저것들은 역시 자전거인가요? **2** They / these / Those / stylish, hers **3** They are motorbikes / These cats are cute. / This necklace is stylish.

복수 소유격 익히기

소유를 나타내는 표현은 아주 중요하다. 대명사의 소유격과 소유대명사는 표를 보고 확실히 외워둬야 한다. 그리고 고유명사에 아포스트로피를 붙여 소유를 나타내는 것을 배워보자.

기본 표현

Our room is small.
아워 룸 이즈 스몰
우리 방은 작습니다.

But your room is very big.
벗 유어 룸 이즈 베리 빅
하지만 당신들의 방은 아주 큽니다.

A   **Is their building very high?**
이즈 데어 빌딩 베리 하이?
그들의 건물은 아주 높습니까?

B   **Yes it is.**   예스 이디즈
예, 그렇습니다.

꼭 외워야 할 단어

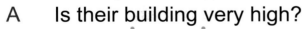

room [ruːm] 방
small [smɔːl] 작다, 작은
but [bət, bʌt] 그러나, 하지만
very [véri] 무척, 대단히

big [big] 크다, 큰
their [ðɛər] 그들의
building [bíldiŋ] 건물, 빌딩
high [hai] 높은, 비싼

우리(we)의 소유격은 우리의(our)이고 그들(they)의 소유격은 그들의 (their)이다.

Your room is very big.
small, big은 크기를 나타내는 형용사이다. very는 '매우, 무척'이란 뜻으로 형용사를 수식한다.

Is their building very high?
their building(그들의 건물)이 단수이므로 is가 쓰였다. high는 높다는 뜻이지만 가격이 '비싸다'는 의미도 있다.

실전 회화

A   **This is Sarah's photo.**   디스 이즈 새라스 포토우
     이것은 새라의 사진이야.

     What is her dream?   왓 이즈 허 드림?
     그녀의 꿈은 뭐니?

B   **Her dream is an entertainer.**
     허 드림 이즈 언 엔터테이너
     그녀의 꿈은 연예인이야.

A   **Is Mija's face charming?**
     이즈 미자스 페이스 차밍?
     미자의 얼굴은 매력적이니?

B No, her face is plain.
노우 허 페이스 이즈 플레인
아니, 그녀의 얼굴은 수수해.

A Is this your car? 이즈 디스 유어 카?
이것이 네 차지?

B Yes, it is. 예스 잇 이즈
응, 맞아.

A Is that his motorbike?
이즈 댓 히즈 모러바이크?
저것은 그의 오토바이니?

B No, it's mine. 노우 잇스 마인
아니, 그것은 내 거야.

A Whose boat is that? 후즈 보우트 이즈 댓?
저것은 누구의 배입니까?

B It's theirs. 잇스 데어즈
그들의 것입니다.

A Whose store is this? 후즈 스토어 이즈 디스?
이것은 누구의 가게입니까?

B It's ours. 잇스 아우어즈
그건 우리 것입니다.

This is Sarah's photo.

사람이름에 's를 붙이면 '~의'라는 뜻이 된다. 이 표현은 사람이름 이외에 사용되기도 한다.

　예 Today's newspaper　오늘의 신문

Is Mija's face charming?

face는 얼굴이다. 새로 온 사람을 new face[뉴 페이스]라고 한다. 이성의 외모 중 가장 관심을 끄는 곳이기도 하다. plain은 '수수한'이란 뜻이지만 사실은 좀 못생긴 경우에 쓰는 말이다.

Is this your car?

Is this your car?(이것이 네 차니?)라는 질문에 소유대명사를 쓰지 않는다면 No, it isn't my car.라고 해야 할 것이다. 이런 경우 my car를 mine으로 줄여서 부르면 편하다. 너의 것이라고 하면 yours가 된다.

Whose store is this?

가게를 말할 때 미국에선 store라고 하고 영국에선 shop이라고 한다.

꼭 외워야 할 단어

photo [fóutou] 사진
dream [driːm] 꿈, 이상
entertainer [èntərtéinər] 연예인
face [feis] 얼굴
charming [tʃáːrmiŋ] 매력적인, 멋진
plain [plein] 수수한, 평범한

whose [huːz] 누구의, 누구의 것(who의 소유격)
boat [bout] 배, 선박
theirs [ðɛərz] 그들의 것
store [stɔːr] 가게, 상점
ours [áuərz] 우리의 것

It's ours.

복수소유대명사는 모두 -s로 끝난다. -ours(우리 것) -yours(너희 것)
-theirs(그들 것)

■ **소유대명사 익히기**

	소유격	소유대명사	복수 주격	복수 소유격	복수 소유대명사
1인칭	my 나의	mine 내 것	we 우리는	our 우리의	ours 우리 것
2인칭	your 너의	yours 네 것	you 너희는	your 너희의	yours 너희 것
3인칭	his 그의 her 그녀의 its 그것의	his 그의 것 hers 그녀의 것 없음	they 그들은	their 그들의	theirs 그들의 것

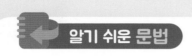

▪ 아포스트로피란 무엇인가?

「'」는 아포스트로피 apostrophe라고 하며 두 가지 의미가 있다.

1) 단축형에 쓴다. 아포스트로피는 생략된 글자의 위치를 표시한다.

　예　You are → You're

　　　That is → That's

　　　I am → I'm

　　　It is → It's

2) 명사의 소유격을 표시한다. 단수의 소유격을 나타낼 때에는 's를 붙이고, 복수형의 소유격을 나타낼 때에는 복수 의미인 s뒤에 아포스트로피를 붙인다.

　예　Tom's cup　탐의 컵

　　　the girls' room　그 소녀들의 방

　　　my uncle's house　내 삼촌의 집

1 다음 영문을 해석하세요.

1 But your room is very big. _____

2 Her dream is an entertainer. _____

3 Whose store is this? _____

2 다음 문장을 완성시키세요.

1 _____ face is plain.　　그녀의 얼굴은 수수해.

2 _____ boat is that?　　저것은 누구의 보트입니까?

3 It's _____.　　그건 그들의 것입니다.

3 다음을 영어로 바꿔봐요.

1 그녀의 꿈은 뭐니?_____

2 이 가게는 우리 것이다. _____

2 저 자동차는 내 것이다. _____

2 그들의 빌딩은 아주 높다. _____

형용사의 활용

사물의 특성을 설명할 때 가장 필요한 것이 형용사(오래된, 새것인, 멋진, 파란, 아름다운, 단단한···)이다. 많은 형용사를 알고 있어야, 설명도 잘할 수 있고 실력이 올라간다.

기본 표현

This is a new computer. 디스 이즈 어 뉴 컴퓨터
이것은 새 컴퓨터입니다.

But its keyboard is old. 벗 잇스 키보드 이즈 올드
하지만 그 키보드는 오래됐습니다.

A   **Is your car new?** 이즈 유어 카 뉴?
당신의 자동차는 새 것입니까?

B   **No, it isn't.** 노우 잇 이즌트
아뇨, 그렇지 않습니다.

My car is old and not good.
마이 카 이즈 올드 앤드 낫 굿
내 자동차는 아주 낡았고 좋지 않습니다.

꼭 외워야 할 단어

new [nju:] 새로운
computer [kəmpjúːtər] 컴퓨터

keyboard [kíːbɔ̀ːrd] 키보드
old [ould] 오래된

This is a new computer.

그냥 컴퓨터 한 대라고 할 때는 a computer라고 하지만 새로운 컴퓨터 한 대라고 하면 a new computer라고 한다. new라는 형용사가 a 뒤에 온다는 것을 기억해 두자.

But its keyboard is old.

명사나 대명사에 's를 붙이면 소유를 나타낸다(Tom's cup 탐의 컵). 하지만 it's는 it is의 줄임말이다. it의 소유격은 its가 된다. 헷갈리기 쉬우니까 확실히 기억해 두자.

위 문장 중 new, old, good은 형용사이다.

실전 회화

A   How is your laptop computer?
하우 이즈 유어 랩탑 컴퓨러?
당신의 노트북컴퓨터는 어때요?

B   My laptop is new and nice.
마이 랩탑 이즈 뉴 앤 나이스
내 노트북은 새것이고 멋집니다.

A   What color is your smart phone?
왓 컬러 이즈 유어 스맛 폰?
당신의 스마트폰은 무슨 색입니까?

B   Its color is silver.   잇스 컬러 이즈 실버
그것의 색상은 은색입니다.

A   What color is her T-shirt?

왓 컬러 이즈 허 티셔트?

그녀의 티셔츠는 무슨 색이죠?

B   Her T-shirt is green.   허 티셔트 이즈 그린

그녀의 티셔츠는 녹색입니다.

The princess is a kind and beautiful lady.

더 프린세스 이즈 어 카인드 앤드 뷰티펄 레이디

공주님은 친절하고 아름다운 여성이다.

My boyfriend is a diligent man.

마이 보이프렌드 이즈 어 딜리전트 맨

내 남자친구는 부지런한 남자다.

Misfortune is a good teacher.

미스포춘 이즈 어 굿 티처

불운은 좋은 선생이다. (속담)

꼭 외워야 할 단어

laptop computer [lǽptàp kəmpjúːtər]
노트북컴퓨터

nice [nais] 멋진, 근사한

color [kʌ́lər] 색깔

silver [sílvəːr] 은(銀)

T-shirt [tíːʃəːrt] 티셔츠

green [griːn] 녹색

princess [prínsis] 공주

kind [kaind] 친절한

lady [léidi] 여성, 숙녀, 아가씨

boyfriend [bɔifrend] 남자친구, 애인

diligent [dílədʒənt] 부지런한

man [mæn] 남자, 사내

misfortune [misfɔ́ːrtʃən] 불운, 불행

teacher [tíːtʃəːr] 교사, 선생

laptop computer

lap은 '무릎 위의 허벅지 위쪽'을 말한다. top은 꼭대기라는 뜻도 있지만 여기에선 그냥 위라는 뜻. 그러니까 허벅지 위에 놓고 쓸 수 있는 컴퓨터라는 말인데 notebook computer라고도 하고 짧게 laptop이라고도 한다.

Its color is silver.

its는 it의 소유격으로 '그것의'라는 뜻인데 it's(it is의 단축형)와 혼동하지 않도록 주의할 것. 시험에도 종종 나온다. 영국에선 color를 colour라고 표기한다.

Her T-shirt is green.

티셔츠는 T-shirt라고 쓰며 티셔트라고 읽는다. 티셔츠 한 장을 말하는 것이니까 T-shirt라고 쓰며 여러 장의 티셔츠라고 할 때는 T-shirts라고 할 수 있다.

Misfortune is a good teacher.

불행한 일을 겪게 되면 거기에 대해 많은 생각을 하게 되니까 교훈을 얻고 뭔가 깨닫는다는 말씀. misfortune은 불행이란 뜻인데, mis가 반대말을 나타내는 말이다. 그래서 fortune은 '행운, 큰 재산'이란 뜻이다.

평가 문제

1 다음 영문을 해석하세요.

1 My car is old and not good. _____

2 What color is your smart phone?

    _____

3 Misfortune is a good teacher. _____

2 다음 문장을 완성시키세요.

1 My laptop is _____ 내 노트북은 새것이고 멋집니다.

2 The princess is a _____ lady.

    공주님은 친절하고 아름다운 여성이다.

3 _____ your laptop computer?

    당신의 노트북컴퓨터는 어때요?

3 다음을 영어로 바꿔봐요.

1 당신의 자동차는 새 것입니까? _____

    아뇨, 그렇지 않습니다. _____

2 그녀의 티셔츠는 무슨 색이죠? _____

3 내 남자친구는 부지런한 남자다._____

4 그것의 색깔은 은색입니다. _____

여러 가지 인사 표현

사람과 사람이 만나 신뢰를 쌓으려면 우선 인사를 잘해야 한다. 영어로 인사를 잘 하려면 처음엔 무조건 앵무새처럼 따라해 보는 것이 가장 좋은 방법이다. 그리고 진심으로 상대의 안부를 묻는 배려는 표정에 드러난다.

기본 표현

A How are you? 하우 아 유?

잘 지내세요?

B Very well, thank you.

베리 웰 쌩큐

잘 지내요. 고마워요.

How's your family?

하우즈 유어 패밀리

가족 분들은 잘 지내세요?

A How do you do?

하우 두 유 두?

처음 뵙겠습니다.

Nice to see you. 나이스 투 씨 유

만나서 반갑습니다.

B Nice to meet you, too.

나이스 투 미츄 투

저도 반갑습니다.

How are you?

인사말이므로 일단 그냥 외워두자. 잘 지내느냐는 뜻이다. 그 대답으로는 Fine, thank you. And you?(잘 지내요. 고마워요. 당신은요?)가 있는데 이 인사는 너무나 유명해져서(?) 영어를 모르는 사람도 말할 수 있는 대표적인 인사로 개그의 소재가 될 정도다. How are you?의 대답으로는 Fine, thank you만 하지 말고 Pretty good.(아주 괜찮아)이나 Very nice.(아주 좋아)도 말해보자. 또 컨디션이 안 좋을 때는 Not so good.(별로 안 좋아) 이나 So so(그저 그래)라는 표현도 있다.

Thank you.

감사합니다. 미국인이 가장 많이 쓰는 표현.

How do you do?

처음 뵙겠습니다. 첫 만남에서 말하는 정중한 인사. 영어로는 의문문처럼 물음표(?)가 있지만 우리말로는 의문문이 아니다. 여기에 대답은 똑같이 How do you do? 라고 해도 된다.

Nice to see you.

당신을 만나서 반갑습니다. 첫 만남에선 상대에게 좋은 인상을 주기 위해 내심 반갑지 않더라도 이 정도 인사는 해주는 센스를 발휘하자.

꼭 외워야 할 단어

how [hau] 어떻게
very [véri] 매우, 무척
well [wel] 잘, 충분히
thank you 고맙습니다
family [fǽməli] 가족, 식구

nice [nais] 멋진, 유쾌한
see [si:] 보다, 만나다
meet [mi:t] 만나다
too [tu:] 또한, 역시

A   **See you later.**   씨 유 레이러
다음에 봐.

B   **Take care.**   테익 케어
잘 가.

A   **Have a nice day!**   해버 나이스 데이
즐거운 하루 보내세요!

B   **You, too!**   유 투
당신도요!

A   **Good luck!**   굿 럭
행운을 빌어요!

B   **Thanks a lot!**   쌩스 얼랏
정말 고마워요!

A   **I am sorry.**   아이 앰 쏘리
미안합니다.

B   **You're welcome.**   유 어 웰컴
천만에요.

What's up?   왓츠 업
별일 없었니?(잘 지내니?)

Long time no see.   롱 타임 노우 씨
오랜만이다.

See you later.

'나중에 또 봐'라는 뜻으로 응용하기 좋은 인사말이다. 비슷한 인사말로는
See you tomorrow. (내일 만나, 매일 만나는 학교 친구나 직장 동료
등에게 할 수 있는 인사)를 기억해 두자.

Take care.

'조심해서 가', '몸 건강히 지내.'라는 인사.

Have a nice day!

즐거운 하루 보내세요. '즐거운 주말 보내세요'라고 하려면 **Have a nice
weekend.**라고 말한다. 모르는 사이에도 나눌 수 있는 좋은 인사. 영화를 보
니 택배배달원이 고객에게 말한다. **nice** 대신에 다른 말을 넣어도 된다.
    예 **Have a good day!**
    You, too! (너도!) **Me, too.** 라고 하면 '나도 그래요.'라는 유명한 인사말.

Good luck!

행운을 비는 작별인사

꼭 외워야 할 단어

later [léitər] 나중에, 후에
take [teik] 취하다, 가지다
care [kɛər] 조심, 주의
nice [nais] 멋진, 즐거운
day [dei] 날
luck [lʌk] 운수, 행운
thanks [θæŋks] 고맙다

a lot 많이, 무척, 진심으로
sorry [sári] 미안한
welcome [wélkəm] 환영하다
up [ʌp] 일어나, 나타나
long [lɔːŋ] 긴, 오랜
time [taim] 시간

Thanks a lot!

Thanks라고만 해도 친한 사이에 감사 인사가 된다. a lot은 강조하는 말.
a lot of는 '많은'이라는 표현. a lot of girls (수많은 아가씨들)

I am sorry.

미안합니다. Thank you와 함께 영미인들이 가장 많이 하는 말.

You are welcome.

'괜찮습니다' '천만에요'라는 말로 감사 인사를 받았을 때나 미안하다는 말의
대답. 그리고 '어서오세요.' '환영합니다'라는 인사말도 된다.

What's up?

상대에게 뭔가 새로운 변화가 생겼는지 물어보는 표현이지만 친근한 사이
에서만 쓸 수 있다. up은 보통 '위에'를 나타내는 전치사로 많이 쓰이지만 여
기에선 일어남(발생)을 나타내는 부사이다.

Long time no see.

오랜만에 만났을 때 하는 인사말. 영화에서도 자주 나온다. 기억해 두자.

Knowledge is of no value unless you put it into practice.

지식이란, 실행에 옮기지 않는다면 아무 가치도 없는 것이다. 안톤 체홉

Any fool can criticize, condemn and complain - and most fools do. 어떤 바보라도 비난하고 꾸짖고 불평도 할 수 있다. 그리고 바보들은 다 그렇게 한다. **벤자민 프랭클린**

An early-morning walk is a blessing for the whole day.

이른 아침의 산책은 하루 전체의 축복이다. **데이빗 소로**

A wise man can learn more from a foolish question than a fool can learn from a wise answer.

바보가 지혜로운 대답에서 배우는 것보다, 지혜로운 자가 어리석은 질문에서 더 많이 배울 수 있다. **브루스 리**

1 다음 영문을 해석하세요.

1 Nice to see you. _____

2 How's your family? _____

3 Thanks a lot! _____

4 Long time no see. _____

2 다음 문장을 완성시키세요.

1 Nice to _____ you,_____   저도 반갑습니다.

2 See you _____   나중에 만나요.

3 Take _____.   잘 가.

4 Good _____   행운을 빌어요!

3 다음을 영어로 바꿔봐요.

1 천만에요. _____

2 즐거운 하루 보내세요! _____

3 처음 뵙겠습니다. _____

do you do?
2 meet, too / later / care / luck **3** You're welcome. / Have a nice day! / How
1 만나서 반갑습니다. / 가족 분들은 잘 지내세요? / 정말 감사합니다! / 오랜만이다.

have 동사 익히기

영어에서 be동사 다음으로 중요한 것이 have이다. be동사처럼 복잡하지는 않지만 정말 자주 사용되는 동사이다. 우리말로는 '갖고 있다, 소유하다, 있다' 라고 해석된다.

기본 표현

I have a son and a daughter.
아이 해브 어 썬 앤드 어 도러

나는 아들과 딸이 있습니다.

You have a sister. 유 해브 어 씨스터
당신은 여동생이 있습니다.

He has a girlfriend.
히 해즈 어 걸프렌드

그는 애인이 있습니다.

They have a teacher.
데이 해브 어 티쳐

그들에겐 선생님이 있습니다.

⌇ 꼭 외워야 할 단어

have [hæv] 가지다, 소유하다
son [sʌn] 아들
daughter [dɔ́ːtər] 딸

sister [sístər] 자매, 누나, 여동생
girlfriend [gə́ːrlfrend] 여자친구, 애인
teacher [tíːtʃər] 교사, 선생

have

'갖고 있다, 소유하다'라는 뜻이다. 지금까지는 동사라면 be동사만 공부했지만 여기에서는 have동사를 공부한다. 동사(動詞)란 사물의 움직임을 표현하는 말이다. 즉 '생각하다, 공부하다, 잠자다, 세우다, 일어나다, 때리다' 등 '~다'로 끝난다.

하지만 '크다, 작다, 슬프다, 기쁘다, 더럽다, 착하다' 등은 움직임이 아니라 모습이나 느낌을 나타내는 말로 형용사(形容詞)라고 한다. 이미 배운 형용사로는 old, new, big, small, silver, green 등이 있다.

You have a sister.

(당신은 여동생이 있다.) 우리말로는 여동생인지 누나인지 언니인지 꼭 집어서 말하지만 영어로는 그냥 sister(여동생인지 누나인지는 모름)라고만 말하는 게 보통이다. be동사는 am, are, is로 변화형태가 세 가지나 되지만 have동사는 have, has로 두 가지만 있어서 좀 쉽다. 3인칭단수에만 has가 되고 1, 2인칭 단수나 각 인칭의 복수에는 모두 have가 온다.

Seoul has a big river. 서울 해즈 어 빅 리버
서울에는 큰 강이 있습니다.

It is the Han River. 이 리즈 더 한 리버
그것은 한강입니다.

Our country has nine provinces.
아워 컨추리 해즈 나인 프라빈시즈
우리나라는 아홉 개 도가 있습니다.

They are Gyeonggi, Gangwon, Chungbuk, Chungnam, Gyeongbuk, Gyeongnam, Jeonbuk, Jeonnam, and Jeju.
데이 아 경기 강원 충북 충남 경북 경남 전북 전남 앤드 제주
그것들은 경기, 강원, 충북, 충남, 경북, 경남, 전북, 전남, 그리고 제주이다.

Roses have thorns. 로우지즈 해브 소온즈
장미에는 가시가 있다. (속담)

Every dog has his day. 에브리 독 해즈 히즈 데이
견공들도 좋은 때가 있다. (속담)

Every Jack has his Gill. 에브리 잭 해즈 히즈 질
사람은 자기 짝이 있다. (속담)

A   Are you all right? 아 유 올 라잇?
     괜찮으세요?

B   I have a cold. 아이 해브 어 코울드
     감기에 걸렸어요.

A   That's too bad. 댓츠 투 뱃
     저런, 안됐네요.

The Han River

세상에 유일한 사물에는 the를 붙인다. 예) the sun 태양
한강은 세상에서 한국에만 있는 것이니까 the를 붙인다.

province

좀 큰 행정구역에 붙이는 말인데, 한국의 도(道), 중국의 성(省), 또는 어떤 지방
을 말할 때도 쓴다. Jeonnam, and Jeju. 영어에선 여러 개의 명사를 나열
할 때 습관적으로 마지막 것 앞에 and를 놓는다.

Roses have thorns.

예쁜 여자(장미)에게도 결점(가시)이 있다는 속담.

Every dog has his day.

개에게도 좋은 시기가 있다.(속담) 쥐구멍에도 볕들 날이 있다.

every

모든~이란 뜻이지만 모든 ~의 하나를 대표로 말하기 때문에 단수 취급을
합니다. everybody도 마찬가지. 모든 사람이란 뜻이니까 당연히 복수라

꼭 외워야 할 단어

Seoul 서울
river [rívər] 강
island [áilənd] 섬
province [právins] 지역, 도
rose [rouz] 장미
thorn [θɔːrn] 가시, 근심의 원인

dog [dɔːg] 개
Jack 남자 이름
Gill 여자 이름
cold [kould] 감기
bad [bæd] 미안한, 유감스러운

고 생각하면 틀리는 것이다. 그래서 dog도 단수고, 동사도 has가 온다. 개는 동물이지만 대명사로서 his라고 말한다. 동물 뿐 아니라 국가를 대명사라고 할 때는 여성형으로 she라고 칭한다. 이것은 그냥 관용적 용법이다.

Every Jack has his Gill.
모든 사람은 자기 짝이 있다.(속담) 짚신도 짝이 있다.
Jack은 흔한 남자이름, Gill은 흔한 여자 이름.

Are you all right?
all right은 OK와 비슷한 뜻입니다. 예전에 버스안내양이 자주 구사했던 말이죠. "오라〜이!"

I have a cold.
감기, 기침, 두통 등 질병을 표현할 때도 have동사를 사용한다. 감기에 걸렸다를 I get a cold. 또는 I catch a cold.라고 말할 수도 있다.

That's too bad.
여기에서 bad는 '나쁘다'가 아니라 '유감이다, 안됐다'라는 뜻으로 위로의 인사말이다. t나 d뒤에 아포스트로피와 s가 붙으면 발음이 '트스' 나 '드스'가 되는 것이 아니라 '츠'나 '즈'가 된다.
　예 friend's[프렌즈] 친구의　aunt's[앤츠] 아주머니의

▪ have동사의 인칭별 변화

	단수	복수
1인칭	I have	We have
2인칭	You have	You have
3인칭	He has She has It has	They have

3인칭 단수일 때만 has이고 나머지는 모두 have이다.

If you love life, don't waste time, for time is what life is made up of. 인생을 사랑한다면 시간을 낭비하지 마라. 인생이란 시간으로 이루어져 있으니까. 브루스 리

I'm not in this world to live up to your expectations and you're not in this world to live up to mine.
나는 당신의 기대에 충족하기 위해 이 세상에 존재하는 것이 아니다. 당신도 내 기대에 맞추기 위해 존재하는 것이 아니다. 브루스 리

A goal is not always meant to be reached, it often serves simply as something to aim at. 목표란 반드시 도달해야 하는 것이 아니다. 그것은 그냥 방향을 제시하는 역할만 할 뿐이다. 브루스 리

평가 문제

1 다음 영문을 해석하세요.

1　Our country has nine provinces. _____

2　Seoul has a big river. _____

3　Every Jack has his Gill. _____

2 다음 문장을 완성시키세요.

1　I _____ and a daughter.　나는 아들과 딸이 있습니다.

2　Are you_____ ?　　　　　괜찮으세요?

3　They _____a teacher.　　　　그들에겐 선생님이 있습니다.

4　It is _____Han_____.　　　그것은 한강입니다.

3 다음을 영어로 바꿔봐요.

1　그는 애인이 있습니다. _____

2　개들도 좋은 한때가 있다. _____

3　감기에 걸렸어요. _____

4　저런, 안됐네요. _____

---

1 우리나라는 아홉 개 도가 있습니다. / 서울에는 큰 강이 있습니다. / 모든 사람은 자기 짝이 있다.
2 have a son / all right / have / the, River　**3** He has a girlfriend. / Every
dog has his day. / I have a cold. / That's too bad.

have 동사의 의문문

have 동사가 있는 문장을 의문문으로 만들려면 do동사를 앞에 두어야 한다. 이것은 have 동사 외의 다른 무수한 동사도 마찬가지다. do는 3인칭의 경우에 does가 되는 점을 기억해 둬야 한다.

기본 표현

A **Do you have a girlfriend?**

두 유 해브 어 걸프렌드?

당신은 여자친구가 있나요?

B **Yes, I do. She has beautiful eyes.**

예스 아이 두. 쉬 해즈 뷰터펄 아이즈

예, 있습니다. 그녀는 예쁜 눈을 가졌어요.

A **Does Cinderella have a nice dress?**

더즈 신더렐러 해브 어 나이스 드레스?

신데렐라는 멋진 드레스가 있나요?

B **No, she doesn't.**

노우 쉬 더즌트

아니오, 그녀는 갖고 있지 않습니다.

Deep sorrow has no tongue.

딥 소로우 해즈 노우 텅

깊은 슬픔은 혀가 없다. (속담)

Do you have a girlfriend?

Yes, I do. Do로 시작하는 의문의 대답은 do동사를 써서 대답한다. 의문사로 시작하는 의문문이 아니므로 끝을 올려 읽는다. do는 be동사 외의 동사가 나오는 문장을 의문문으로 만들 때 주어 앞에 둔다.

Do you have a mobile phone? 너는 휴대폰을 갖고 있니?

여기에 나온 문장은 미국식이고, 영국에선 have동사의 의문문을 만들 때 do 없이 Have you a girlfriend?라고 한다.

She has beautiful eyes.

사람에겐 눈이 두 개 있으므로 복수로 eyes라고 쓴다. s를 제대로 붙이는 것은 중요한 일이다.

No, she doesn't.

Does로 물어보는 질문에는 does를 넣어 대답한다. 긍정일 때는 Yes, she does. do 대신에 does를 쓴 이유는 주어가 she로 3인칭 단수이기 때문에.

Deep sorrow has no tongue.

작은 불만에는 불평하지만, 슬픔이 너무 크면 말이 안 나온다는 얘기.

꼭 외워야 할 단어

eye [ai] (사람의) 눈
Cinderella [sìndərélə] (동화의) 신데렐라, 갑자기 유명인이 된 사람
nice [nais] 멋진, 훌륭한

dress [dres] 드레스
deep [di:p] 깊은, 심한
sorrow [sárou] 슬픔, 비통
tongue [tʌŋ] 혀, 언어능력

tongue은 사람의 혀를 말하는데, 언어능력을 의미하기도 한다. mother tongue은 엄마의 혀가 아니라 '모국어'.

■ Do동사 의문문의 인칭별 변화

	단수	복수
1인칭	Do I	Do we
2인칭	Do you	Do you
3인칭	Does he Does she Does it	Do they

* do동사는 3인칭 단수일 때만 does로 모양이 바뀐다.

Do는 조동사(助動詞, 본동사를 도와주는 역할을 하는 보조동사)이므로 do 뒤에 나오는 동사(본동사)는 원형이 온다. 즉, She has a magazine. (그녀는 잡지 한 권을 갖고 있다)을 의문문으로 고치면, Does she have a magazine? (그녀는 잡지 한 권을 갖고 있나요?) 이렇게 has는 have 동사의 원형인 have로 바뀌었다. 대신 do동사가 3인칭을 가리키는 does로 변형되어 있다.

실전 회화

A **Do I have a chance?** 두 아이 해브 어 챈스?
제가 기회가 있나요?

B **Yes, you do.** 예스 유 두
예, 있습니다.

A　Does Snow White have any brothers?

더즈 스노우 화이트 해브 애니 브라더스?

백설공주는 형제가 좀 있나요?

B　No, she doesn't.　노우 쉬 더즌트

아뇨, 없습니다.

A　Do they have cellular phones?

두 데이 해브 셀룰러 폰즈?

그들은 휴대폰을 갖고 있나요?

B　Yes, they do.　예스 데이 두

예, 갖고 있습니다.

A　Does the boy have gloves?

더즈 더 보이 해브 글러브즈?

그 소년은 장갑을 가졌나요?

B　No, he doesn't.　노우 히 더즌트

아뇨, 갖지 않았습니다.

A　Do you have a headache?

두 유 해브 어 헤데이크?

두통이 있습니까?

B　No, I don't.　노우 아이 돈트

아뇨, 없습니다.

I have a cough. 아이 해브 어 코프
저는 기침을 합니다(갖고 있습니다).

Does Snow White have any brothers?

백설공주는 3인칭 단수라서 **does**가 되었다. **any**는 '약간의'라는 뜻으로 뒤에 오는 명사가 '있는지 없는지' 물을 때 씁니다. 또 다분히 부정의 의미가 들어 있으므로 백설공주에게 형제가 없을 것 같다고 생각한 질문입니다. 긍정의 의미를 가진 말로는 **some**이 있습니다.

> 예 **Do you have some money?** 너 돈 좀 있니?

Do they have cellular phones?

현대인의 필수품이 되어버린 휴대전화는 핸드폰이라고도 하지만 정식영어는 아니다. 영어로는 **mobile phone** 또는 **cell phone**이라고 한다.

Does the boy have gloves?

장갑은 왼쪽 오른쪽 두 개가 있으니까 복수를 쓴다.

꼭 외워야 할 단어

chance [tʃæns] 기회
Snow White [snou-hwait] 백설공주
(고유명사라서 대문자로 시작된다)
brother [brʌðər] 형제, 오빠, 형

cellular phone [séljələrfòun] 휴대폰
glove [glʌv] 장갑
headache [hédèik] 두통
cough [kɔ(:)f] 기침

■ have동사의 부정형

have 동사를 부정하기 위해서는 do를 사용해야 하므로 do동사의 변화만 알면 쉽게 해결할 수 있다. 3인칭 단수만 does가 쓰였고 나머지는 모두 do이다. 거기에 부정의 단어 not이 쓰였다.

	단수	복수
1인칭	I don't have	We don't have
2인칭	You don't have	You don't have
3인칭	He doesn't have	They don't have

▪ 8품사에 관하여

영어 문장을 이루는 수많은 단어들은 다음 8가지 중 하나에 소속되어 있다. 따라서 단어를 외울 때 그 품사가 무엇인지 알고서 외운다면 쉽게 느껴질 것이고 마음이 좀 더 편할 것이다. 다음을 읽어보면 사전을 찾아 볼 때 도움이 될 것이다. 사전에는 각 단어마다 품사가 표시되어 있는데 아래 사항 중 명사(n.), 동사(v.), 형용사(a.), 부사(ad.)는 약자로도 알아두자.

1. 명사 noun

세상 만물에는 모두 이름이 있다. 지명이나 국명, 사람뿐 아니라 풀벌레나 잡초에도 그것만의 이름이 있는데 이것이 명사(名詞)다. 눈에 보이지 않는 추상적인 개념의 이름도 포함한다.

> 예 유리(glass), 한국(Korea), 성공(success), 인내(perseverance), 법(law), 돈(money), 은행(bank), 아차산(Achasan), 오바마(Obama), 메뚜기(grasshopper), 민들레(dandelion),

2. 대명사 pronoun

대명사는 명사를 대신하는 말이다. 친구 '남식이'의 뒷소문을 말하는데 남식이라고만 말하면 불편할 것이다. 대신에 '걔'라는 대명사를 쓰면 편리하다. 어떤 도구를 말할 때도 '그것'이란 대명사를 쓰면 말을 짧게 할 수 있다.

> 예 나 (I), 너 (you), 그 남자 (he), 그녀 (she), 그것 (it), 걔네들 (they)

3. 동사 verb

사물(명사, 대명사)의 움직임, 동작을 표현하는 말이다. 공부하다─공부했다─공부하겠다 는 식으로 변화하므로 좀 어렵지만, 의미를 전달하는 문장에선 가장 중요한 요소이다.

> 예 잠자다(sleep), 공부하다(study), 존재하다(be), 키스하다(kiss), 건

설하다(construct), 때리다(hit), 도와주다(help), 피하다(avoid), 모으다(collect)

4. 형용사 adjective
명사의 성질, 모양을 표현하는 말로서 매우 중요하다.

예 아름다운, 아름답다(beautiful), 착한, 착하다(good-natured), 깨끗한, 깨끗하다(clean), 마른, 건조하다(dry), 단단한, 단단하다(hard), 축축한, 축축하다(wet), 긴, 길다(long), 어려운, 어렵다(difficult), 쉬운, 쉽다(easy), 둥근, 둥글다(round), 더러운, 더럽다(dirty)

5. 부사 adverb
언제, 어디서, 어떻게 등의 정보를 알려주는 말로서 형용사와 밀접한 관계가 있다.

예 무척(highly), 매우, 대단히(very), 어제(yesterday), 오늘(today), 언제나(always), 가끔(occasionally), 곧(instantly), 거기(there), 아마도(perhaps), 심지어(even), 조심스럽게(carefully)

6. 전치사 preposition
영어다운 표현, 섬세한 표현을 만드는 역할을 한다. 전치사(前置詞)라는 이름처럼 '앞에 두는 말'이다. 어디 앞이냐 하면 바로 명사를 말한다. 비독립적이며 의존적인 말이지만 영어 문장 구성에는 꼭 필요하며 중요한 역할을 한다. 우리말에는 전치사가 없다.

예 ~로(to), ~속에(in), ~위에(on), ~뒤에(behind), ~위쪽에(over), ~밑에(under), ~동안(during), ~를 위해(for)

7. 접속사 conjunction
문장과 문장을 연결시키는(접속) 역할을 하는 단어이다. 그 수가 많지 않으므로 크게 신경 쓸 필요는 없다.

예 그러나(but), 그리고(and), 그래서(so), 또는(or), 왜냐하면(because)

8. 감탄사 interjection

8품사 중에서 별로 중요하지 않은 품목이니 그리 신경 쓰지 않아도 된다. 이것은 놀랄 때, 즐거울 때 내는 소리로 대개 느낌표를 동반하게 된다.

예 아! (Oh!) 세상에! (Oh, my god!) 맙소사! (Alas!) 만세! (Bravo!) 앗싸! (Yeah!)

1 다음 영문을 해석하세요.

1 Does Cinderella have a nice dress?

   _____

2 Do you have a headache? _____

3 Deep sorrow has no tongue. _____

2 다음 질문의 대답을 쓰세요.

1 Do you have a mobile phone? (mobile phone 휴대폰)

   _____

2 Does Snow White have any brothers?_____

3 Do I have a chance? _____.

3 다음을 영어로 바꿔봐요.

1 그녀는 예쁜 눈을 가졌어요. _____

2 그 소년은 장갑을 가졌나요? _____

3 저는 기침을 합니다. _____

---

1 신데렐라는 멋진 드레스가 있나요? / 두통이 있습니까? / 깊은 슬픔은 혀가 없다. **2** Yes,
I do, No, I don't / Yes, she does, No, she doesn't. / Yes, you do, No, you
don't. **3** She has beautiful eyes. / Does the boy have gloves? / I have a
cough.

Day 16

일반 동사 익히기

이제 be동사, have동사를 마쳤으니 완전 기본은 벗어난 셈이다. 기본적인 두 동사를 제외한 모든 동사가 일반 동사이다. 여기서는 '좋아하다'라는 like동사를 배워보자.

기본 표현

I like reading. 아이 라이크 리딩
나는 독서를 좋아한다.

But my son likes computer games.
벗 마이 썬 라익스 컴퓨러 게임즈
하지만 내 아들은 컴퓨터 게임을 좋아한다.

Gwangsu and I like Miseon.
광수 앤드 아이 라이크 미선
광수와 나는 미선이를 좋아해요.

But, she doesn't like us. 벗 쉬 더즌트 라이크 어스
하지만 그녀는 우리를 좋아하지 않아요.

She likes Inseong. 쉬 라익스 인성
그녀는 인성이를 좋아해요.

꼭 외워야 할 단어

like [laik] 좋아하다
reading [rí:diŋ] 독서
but [bʌt] 그러나, 하지만

son [sʌn] 아들
computer game [kəmpjú:tər geim]
컴퓨터 게임

드디어 be동사, have동사, do동사를 벗어나 일반적인 보통 동사를 다루게 된다.

My son likes computer games.
like에 s가 붙은 이유는 주어(my son)가 3인칭 단수이기 때문이다.

Gwangsu and I like Miseon.
여기에서 Gwangsu and I는 두 사람이니까 복수라서 like에 s가 붙지 않았다.

실전 회화

I like you. 아이 라이크 유
나는 네가 좋아.

But I hate smoking.
벗 아이 해이트 스모우킹
그러나 나는 흡연을 싫어해.

A **Do you like singing?** 두 유 라이크 씽잉?
너는 노래하기를 좋아해?

B **Yes, I do.** 예스 아이 두
응, 좋아해.

A **What do you like?** 왓 두유 라이크?
너는 뭘 좋아하니?

B   I love listening to the radio.

아이 러브 리스닝 투 더 레이디오우

나는 라디오 청취를 좋아해.

My mother comes here everyday.

마이 머더 컴즈 히어 에브리데이

엄마는 매일 여기에 오신다.

Time heals all wounds.   타임 힐즈 올 운즈

시간이 모든 상처를 치료한다. (속담)

Eagles don't catch flies.   이글스 돈 캐취 플라이즈

독수리는 파리를 잡지 않는다. (속담)

Bad news travels quickly.

배드 뉴즈 추레벌스 퀴클리

나쁜 소식은 빨리 퍼진다. (속담)

꼭 외워야 할 단어

hate [heit] 싫어하다, 혐오하다
smoking [smóukiŋ] 흡연
singing [síŋiŋ] 노래하기
love [lʌv] 사랑하다, 무척 좋아하다
listen to ~을 듣다
radio [réidiòu] 라디오
come [kʌm] 오다
everyday [évridei] 매일
time [taim] 시간
heal [hi:l] 치료하다, 고치다

all [ɔ:l] 모두, 모든
wound [wu:nd] 상처
eagle [í:gəl] 독수리
catch [kætʃ] 잡다
fly [flai] 파리
news [nju:z] 소식, 뉴스
travel [trǽvəl] 이동하다, 여행하다
quickly [kwíkli] 빠르게, 신속하게

동사에 ~ing를 붙이면 '~하기'라는 뜻이다.
smoke (연기피우다, 담배피우다) → smoking (담배피우기, 흡연)
sing (노래하다) → singing (노래하기)
listen (듣다, 청취하다) → listening (청취하기)

I love listening to the radio.

love는 남녀 간의 사랑뿐 아니라 그냥 어떤 것을 '매우 좋아하다'라는 의미로도 흔히 사용됩니다.

Time heals all wounds.

세월이 약이라고 하죠. 작은 고민 때문에 자살하는 분들에게 꼭 들려주고 싶은 속담입니다. 어떤 이는 두 다리가 없이도 웃으며 사는데 어떤 사람은 손가락 하나 없다고 자살하기도 합니다.

heal

'치료하다'라는 동사입니다. 미국 가수 Michael Jackson(마이클 잭슨)의 노래 중에 'Heal the world'(세상을 치료하자, 좋은 세상을 만들자는 내용)라는 노래가 있습니다. 인터넷으로 들어보세요. heal이라는 단어가 기억에서 지워지지 않을 겁니다. 요즘 healing [힐링]이라는 말이 유행하고 있는데 '치유하기'라는 뜻입니다.

Eagles don't catch flies.

비슷한 말로 '호랑이는 굶어 죽어도 풀을 뜯지 않는다'는 말이 있습니다. 일반동사(be동사나 조동사 이외의 동사)를 의문문이나 부정문으로 할 때는 15과에서 배운 have동사의 부정문, 의문문과 똑같이 하면 된다. 그리고 주어가 eagles로 복수이기 때문에 don't가 되었다. an eagle이라면

doesn't가 된다. 옛날 그룹 Eagles의 히트곡 Hotel California [호우텔 캘리포녀]가 있지요.

 ## Joke

컴퓨터가 여성(female)인 이유

1) 하나를 갖게 되면 더 좋은 것(better one)이 근처에 나타난다.
2) 작동 원리는 오직 제작자(creator)만이 알 수 있다.
3) "잘못된 명령 또는 파일명(Bad Command or File Name)"이라는 메시지는 마치, "내가 화난 이유를 당신이 모른다면, 난 결코 당신에게 말하지 않겠어요."처럼 들린다.
4) 컴퓨터 상호간 통신에 사용되는 언어는 다른 사람들(everyone else)이 알 수 없다.

컴퓨터가 남성(male)인 이유

1) 집에 가져와 보기 전엔 으리으리해(nice and shiny) 보인다.
2) 데이터(data)는 엄청 많이 갖고 있지만 머리가 나쁘다.
3) 버튼을 제대로 누르면 뭐든지(whatever) 해준다.
4) 불(lights)은 켜져 있는데 집에는 아무도 없다.

평가 문제

1 다음 영문을 해석하세요.

1 She doesn't like us. _____

2 But I hate smoking. _____

3 Eagles don't catch flies. _____

2 다음 문장을 완성시키세요.

1 Time _____ all wounds. 시간이 모든 상처를 치료한다.

2 She _____ like me. 그녀는 나를 좋아하지 않는다.

3 My mother _____ here _____. 엄마는 매일 여기에 온다.

4 What _____ you _____ ? 너는 뭘 좋아하니?

3 다음을 영어로 바꿔봐요.

1 광수와 나는 미선이를 좋아한다. _____

2 나는 라디오 청취하기를 좋아한다.(청취하다 listen to)

   _____

3 나쁜 소식은 빨리 퍼진다. _____

일반동사의 의문문

do를 이용한 일반동사의 의문문을 배우고 또 다양한 일반동사를 배워보자. 3인칭의 경우 동사에 s가 붙는 것은 늘 주의해야 한다.

기본 표현

A Do you like summer? 두 유 라익 써머?
너는 여름을 좋아하니?

B No, I don't. I like winter.
노우 아이 돈트 / 아이 라이크 윈터
아니, 안 좋아해. 겨울이 좋아.

A Does she study math?
더즈 쉬 스터디 매스?
그녀는 수학을 공부하니?

B No, she studies English.
노우 쉬 스터디즈 잉글리쉬
아니, 그녀는 영어를 공부해.

꼭 외워야 할 단어

like [laik] 좋아하다
summer [sʌ́mər] 여름 (m이 두 개지만 하나만 발음한다. 썸머가 아니라 '써머'.)
winter [wíntər] 겨울

study [stʌ́di] 공부하다
math [mæθ] 수학
English [íŋgliʃ] 영어

like나 study는 일반동사이다. 일반동사를 의문문으로 만들려면 주어 앞에 do를 놓는다. 3인칭 단수라면 does가 온다.

Do you like summer?

Do you~로 시작되는 질문의 대답은 Yes, I do.나 No, I don't.로 한다. Do they~라면 Yes, they do. 또는 No, they don't. 3인칭은 Does he~로 묻는다.

Does she study math?

수학은 mathematics인데 너무 길어서 보통 math라고 말한다.

일반동사(be동사, have동사 이외의 동사)는 주어가 3인칭-단수-현재인 경우 동사에 s를 붙인다. 그러니까 love는 loves가 된다. study처럼 자음+y로 끝난 단어는 y를 i로 바꾸고 es를 붙인다.

실전 회화

A **Does he use e-mail?**
더즈 히 유즈 이메일?
그는 이메일을 사용하나요?

B **No, he doesn't.** 노우 히 더즌트
아뇨, 사용하지 않아요.

He usually makes phone calls.
히 유주얼리 메익스 폰콜즈 그는 대개 전화를 걸어요.

A   Do you like web surfing?   두 유 라이크 웹 서핑?
당신은 인터넷 검색을 좋아하나요?

B   Yes, I do.   예스 아이 두
예, 좋아합니다.

A   Do they understand English?
두 데이 언더스탠드 잉글리쉬?
그들은 영어를 이해하나요?

B   Yes, they do.   예스 데이 두
예, 그렇습니다.

A   Does he teach science?
더즈 히 티치 사이언스?
그는 과학을 가르치니?

B   Of course.   업 코스
물론이지.

The early bird catches the worm.
디 얼리 버드 캐취즈 더 웜
일찍 일어나는 새가 벌레를 잡는다. (속담)

A good beginning makes a good ending.
어 굿 비기닝 메익스 어 굿 엔딩
좋은 시작은 좋은 끝을 만든다. (속담)

Years bring wisdom.   이어즈 브링 위즈덤
세월이 지혜를 가져온다. (속담)

Does he use e-mail?

(그는 이메일을 사용하나요?)에서는 의문문이라서 **does**라는 조동사가 왔기 때문에 동사가 원형으로 **use**이지만, **He usually makes phone calls.**에서는 조동사가 없으므로 **make**에 **s**가 붙는다. 평소에 전화를 여러 번 하는 것이니까 **make a phone call**이 아니라 복수형이 되었다.

Do you like web surfing?

(당신은 인터넷 둘러보기를 좋아하나요?) **web**은 거미줄이란 뜻이다. 인터넷 주소를 보면 앞에 **www**가 보인다. 이것은 **world wide web**의 줄임말인데, 세계에 펼쳐진 거미줄 같은 통신망을 의미한다. 그래서 **web**이라고만 해도 인터넷을 의미하게 되었다. **surfing**은 파도타기라는 뜻이지만 인터넷으로 검색하다라는 의미가 추가되었다. 인터넷에 정보가 너무나 방대하여 '정보의 바다'라고 불리기 때문에 정보의 바다에서 돌아다니는 것을 파도타기에 비유한 것이다.

꼭 외워야 할 단어

use [juːz] 사용하다
e-mail [íːmeil] 이메일
usually [júːʒuəli] 대개, 평소에
make a phone call 전화 걸다
web surfing 웹서핑
understand [ʌndərstǽnd] 이해하다
English [íŋgliʃ] 영어, 영국인
teach [tiːʧ] 가르치다
science [sáiəns] 과학
sure [ʃuər] 물론

early [əːrli] 이른, 일찍 움직이는
bird [bəːrd] 새
catch [kæʧ] 잡다
worm [wəːrm] 벌레, 지렁이
beginning [bigíniŋ] 시작
make [meik] 만들다
ending [éndiŋ] 끝, 마무리
year [jiər] 해, 년
bring [briŋ] 가져오다
wisdom [wízdəm] 지혜

Of course.

강한 긍정(물론. 당연하지.)의 표현으로 Sure. [슈어] 라는 말도 자주 쓴다.

The early bird catches the worm.

early bird는 '일찍 일어나는 사람, 정각보다 일찍 오는 사람, 부지런한 사람'이라는 의미이다. the 뒤에 모음으로 시작하는 단어가 오면 the의 발음은 [디]가 된다.

> 예 the auto [디 오토] 그 자동차

A good beginning makes a good ending.

(좋은 시작은 좋은 끝을 만든다.) begin은 '시작하다'라는 동사인데 ing가 붙어서 시작이라는 명사가 되었다. 성경 창세기 첫부분을 보면, In the beginning God created the heavens and the earth.(태초에 하느님이 하늘과 땅을 창조하시었다.) 라고 나온다.

Years bring wisdom.

year는 연을 뜻하는 데 복수가 되어 오랜 세월, 나이 먹는 것을 말한다. 나이를 먹으면 지혜가 깊어지는 것이다.

1 다음 영문을 해석하세요.

1 Does she study math? _____

2 He usually makes phone calls. _____

3 A good beginning makes a good ending.

_____

4 Years bring wisdom. _____

2 다음 문장을 완성시키세요.

1 Does he _____ science?　　그는 과학을 가르치니?

2 Do you _____ ?　　당신은 인터넷 검색을 좋아하나요?

3 The early bird _____ the worm.

일찍 일어나는 새가 벌레를 잡는다.

3 다음을 영어로 바꿔봐요.

1 너는 여름을 좋아하니? _____

2 그들은 영어를 이해하나요? _____

3 그는 이메일을 사용합니까? _____

1 그녀는 수학을 공부하니? / 그는 대개 전화를 걸어요. / 좋은 시작은 좋은 끝을 만든다. / 세월이 지혜를 가져온다. **2** teach / like web surfing / catches **3** Do you like summer? / Do they understand English? / Does he use e-mail?

가능동사 Can

뭔가를 할 수 있다고 말할 때 가장 쉬운 표현이 동사 앞에 can을 두는 것이다. 동사 앞에 와서 동사를 도와주기 때문에 can을 조동사(助動詞)라고 한다. 그리고 '할 수 있다'는 가능의 의미뿐 아니라 '허락'의 의미도 있다.

기본 표현

I can swim. 아이 캔 스윔
나는 수영을 할 수 있다.

Birds can fly. 버즈 캔 플라이
새는 날 수 있다.

A **Can you speak English?**
캔 유 스피크 잉글리쉬?
당신은 영어를 말할 수 있나요?

B **No, I can't.** 노우 아이 캔트
아뇨, 못합니다.

The cyborg can run and talk.
더 사이보옥 캔 런 앤 토크
그 인조인간은 달리고 말할 수 있다.

꼭 외워야 할 단어

can [kən, kǽn] ~할 수 있다   speak [spi:k] 말하다
swim [swim] 수영하다   cyborg [sáibɔːrg] 사이보그, 인조인간
bird [bə:rd] 새, 조류   run [rʌn] 달리다
fly [flai] 날다   talk [tɔ:k] 얘기하다

영어 감각 키우는 문장 뜯어보기

I can swim.

can은 뭔가를 '할 수 있다'는 가능의 의미를 가진 조동사이다. 의문문을 만들 때는 do와 비슷한 역할을 한다. can은 인칭에 따라 모양이 달라지지 않는다. can 바로 뒤에는 원형동사(일반동사의 현재형, be동사는 be, have 동사는 have)가 온다.

can의 부정형은 can not(~을 할 수 없다)이며 간략하게 can't[캔트]라고 한다.

> 예 Junyeong can't eat red pepper. 준영이는 고추를 먹을 수 없다.

Can you speak English?

Can you~의 대답은 Yes, I can. 또는 No, I can't.가 된다.
한국 자동차 중에서 S메이커의 '코란도'라는 차가 있는데 'Korando'라고 쓰며 이것은 Koreans can do(한국인들도 할 수 있다)를 줄인 말이다.

실전 회화

A **Can you play golf?** 캔 유 플레이 갈프?
당신은 골프를 칠 수 있나요?

B **Yes, I can play baseball, too.**
예스, 아이 캔 플레이 베이스볼 투
네, 또한 야구도 할 수 있습니다.

A **Can I use your phone?**
캔 아이 유즈 유어 폰?
제가 당신 전화를 사용해도 될까요?

B Sure. Go ahead. 슈어 고우 어헤드
그럼요. 어서 쓰세요.

A Thank you. 쌩큐
고맙습니다.

B You're welcome. 유어 웰컴
천만에요.

A Can I help you? 캔 아이 헬프 유?
뭘 도와드릴까요?

B Yes, please. Where is the park?
예스 플리즈. 웨어리즈 더 파크?
네. 부탁해요. 공원이 어디 있나요?

A It's over there. 잇쓰 오버 데어
저쪽에 있습니다.

A Can you read Chinese?
캔 유 리드 차이니즈?
중국어를 읽을 수 있으세요?

B Yes, I can. I can read and write Chinese.
예스 아이 캔. 아이 캔 리드 앤 롸이트 차이니즈
예, 읽을 수 있어요. 나는 중국어를 읽고 쓸 수 있어요.

A Can I have a beer, please?
캔 아이 해브 어 비어 플리즈?
맥주 하나 주시겠어요?

B   Yes, here you are.   예스 히어 류 아
예, 여기 있습니다.

Tom can play baseball.
play는 '놀다, 경기하다, 연주하다' 등 여러 가지 의미가 있다. 그래서 스포
츠나 게임, 악기 등을 다룬다는 의미로 사용된다.
> 예 play soccer 축구를 하다
> 예 play the piano 피아노를 연주하다

Go ahead.
'어서 하세요.'라는 뜻으로 상대에게 재촉이나 권유를 나타내는 말이다.

You're welcome.
'천만에요.'라는 뜻으로 감사의 인사를 받았을 때 하는 대답이다.

꼭 외워야 할 단어

golf [gɑlf] 골프
baseball [béisbɔ̀ːl] 야구
too [tuː] ~도, 역시
use [juːs] 사용하다
phone [foun] 전화
sure [ʃuər] 물론입니다
help [help] 돕다

park [pɑːrk] 공원
over there 저쪽, 저 건너편
read [riːd] 읽다, 읽고 이해하다
Chinese [ʧàiníːz] 중국어, 중국인
write [rait] (글씨를) 쓰다, 적다
beer [biər] 맥주

Where is the park?

park는 공원이라는 뜻인데, 동사로 '주차하다'라는 뜻도 있다. 주차장은
parking lot[파킹 랏]이라고 한다. 또 박씨 성을 나타낼 때도 흔히 쓴다.

　예 Park Ginam [박기남]

여기에서 is는 '~이다'가 아니라 '있다, 존재하다'라는 뜻이다.

Can I help you?

글자로 해석해 보면 '제가 당신을 도울 수 있나요?'이지만, 사실은 종업원
(서비스업)이 고객에게 건네는 인사말로서 "뭘 도와드릴까요?"이다.

Can I have a beer, please?

글자로는 '내가 맥주를 가질 수 있을까요?'지만 술집에서 "맥주 한 병 주
세요."라는 말이다. 이렇게 영어로는 의문문이지만 해석하면 평서문이 되
는 경우도 드물지 않다.

Here you are.

"여기 있습니다." 이 말은 어떤 상황이든 물건을 건네줄 때 하는 말이다.

1 다음 영문을 해석하세요.

1 The cyborg can run and talk. _____

2 Can I have a beer? _____

3 Can I use your phone? _____

4 I can read and write Chinese. _____

2 다음 문장을 완성시키세요.

1 Can I _____ ?   뭘 도와드릴까요?

2 Can you _____ Chinese? 중국어를 읽을 수 있으세요?

   Yes, I _____.   예, 읽을 수 있어요.

3 _____ welcome.   천만에요.

3 다음을 영어로 바꿔봐요.

1 새는 날 수 있다. _____

2 야구를 할 수 있으세요? _____

3 예, 여기 있습니다. _____

4 공원은 어디 있나요? _____

1 그 인조인간은 달릴 수 있다. / 맥주 한 병 주세요. / 제가 당신 전화를 사용해도 될까요? / 나는 중국어를 읽고 쓸 수 있어요. **2** help you / read, can / You're **3** Birds can fly. / Can you play baseball? / Yes, here you are. / Where is the park?

여러 가지 전치사

전치사는 숫자가 많은 것은 아니지만 미묘한 의미 차이가 있다. 여기에선 위치와 방향을 나타내는 전치사를 배워본다. 명사 앞에 위치하므로 전치사라는 이름이 붙여졌다. 즉, 전치사 뒤에는 명사가 와야 한다.

기본 표현

A **Where is the TV remote control?**
웨어리즈 더 티뷔 리모트 컨추롤?
TV 리모콘은 어디 있니?

B **It is behind you.** 잇 이즈 비하인드 유
당신 뒤에 있어요.

A **What do you have in your hand?**
왓 두유 해브 인 유어 핸드?
손에 무엇을 들고 있으세요?

B **It's my ticket.** 잇스 마이 티킷
제 표입니다.

꼭 외워야 할 단어

TV [tíːvíː] 텔레비전
remote control 리모콘
remote [rimóut] 원격의, 멀리 떨어진
control [kəntróul] 통제, 제어

behind [biháind] 뒤에
in [in] 속에
hand [hænd] 손
ticket [tíkit] 표, 입장권

Where is ～ ?
여기에서 is는 '～이다'가 아니라 '있다, 존재하다'라는 뜻이다.

리모콘은 remote control을 줄여서 부르는 말이다.

behind
'뒤'라는 위치를 가리키는 말입니다. 연예인들의 "비하인드 스토리"라는 말을 흔히 하지요? 뒷이야기라는 뜻입니다.

in
'속에, 안에, 내부에'라는 뜻.

ticket
차표나 입장권, 위반 딱지 등 여러 가지로 사용된다.

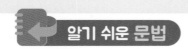

▪ 부정관사(不定冠詞)와 정관사(定冠詞)

관사는 2가지가 있습니다. 부정관사는 a, an(하나의)을 말하고 정관사는 the(그)를 가리킵니다. 부정관사란 정해지지 않은 관사라는 뜻이죠.

	부정관사 a (an)	정관사 the
문장에서 위치	셀 수 있는 명사 앞에	셀 수 있거나 없는 명사 앞에
의미	'하나의' '어떤' (가리키는 것이 불명확) **a student** → 어떤 학생. 누군지는 몰라도 한 명의 학생	'그' (가리키는 것이 명확할 때) **the woman** → 그 여자. 앞에서 한 번 언급했거나, 무엇인지 당연히 아는 대상을 말할 때.

아래 두 문장의 뜻이 어떻게 다른지 말해보세요.

1. He is a student.

2. He is the student.

1번 문장의 의미는 많은 학생들 중 어떤 하나의 학생이라는 뜻입니다. 그러나 2번 문장에서는 예를 들면 "어제 어떤 학생이 나를 도와주었어. 그가 바로 그 학생이야." 그러니까 the가 쓰인 말에는 특정한 것(듣는 사람도 이미 알고 있는 것)을 나타내는 겁니다.

A   **Excuse me. Is there a toilet near here?**
익스큐즈 미 이즈 데어러 토일럿 니어 히어?
실례합니다. 근처에 화장실이 있습니까?

B   **It's on the second floor.**
잇스 온더 세컨드 플로어
2층에 있습니다.

A   **Are you single?** 아 유 싱글?
독신이세요?

B   **No, I'm with my wife.**
노우 아임 윗 마이 와입
아뇨, 저는 아내와 함께 있습니다.

A   **Where is a good restaurant?**
웨어리즈 어 굿 레스터런트?
괜찮은 레스토랑이 어디 있나요?

B   **It's beside the bank.** 잇스 비사이드 더 뱅크
은행 옆에 있습니다.

A   **Where to?** 웨어 투?
여기로(모실까요)?

B   **To Incheon Airport.** 투 인천 에어포트
인천공항으로요.

A Where is my headset? 웨어리즈 마이 헤드셋?
내 헤드폰은 어디 있나요?

B It's in the drawer. 잇스 인 더 드로어
서랍 속에 있습니다.

A Where are your shoes? 웨어라 유어 슈즈?
당신 구두는 어디 있나요?

B They're under the table. 데이어 언더 더 테이블
테이블 아래 있어요.

영어 감각 키우는 문장 뜯어보기

Excuse me.
'실례합니다' '미안합니다'라는 관용적 표현.

꼭 외워야 할 단어

excuse [ikskjúːz] 용서하다
toilet [tɔ́ilit] 화장실
near [niər] 가까운
second [sékənd] 두 번째, 제2의
floor [flɔːr] 마루, ~층
single [síŋgl] 혼자인, 독신인
with [wið] ~와 함께
wife [waif] 아내, 부인
restaurant [réstərənt] 음식점

beside [bisáid] 옆, 이웃
bank [bæŋk] 은행
to [tuː] ~로, ~를 향하여
Incheon 인천
airport [ɛ́ərpɔ̀ːrt] 공항
headset [hédsèt] 헤드폰
on [an] 위에
shoes [ʃuːz] 구두, 신발
under [ʌ́ndər] 아래, 밑

Are you single?

애인이 없는 사람을 솔로라고 부르는데 이것은 엉터리 영어이다. 솔로라는 말은 음악 용어로 '혼자 노래하거나 연주하는 것'. single이라고 해야 정식 영어.

Where to?

to는 방향을 가리키는 말로 '~를 향하여'이므로 "어디로 갈까요?"로 택시 기사가 흔히 하는 말.
shoes(구두)는 두 개가 한 켤레로 역할을 하므로 보통 복수로 사용된다.

under the table

under(아래, 밑)라는 말을 들으면 떠오르는 노래가 있다. 인어공주(The Little Mermaid)라는 월트 디즈니의 애니메이션을 보면 주제가가 오래 귀에 남는데 바로 'Under the sea'라는 곡이다. 바다 밑 깊은 곳이란 뜻이다.

 Joke

도둑의 대화

두 도둑이 호텔을 털고 있었다. 하나가 말한다. "사이렌 소리가 났어. 뛰어내리자!"
"여긴 13층(the 13th floor)이라구!"
"지금 미신(superstition) 따위 신경 쓸 상황이 아냐!"

▪ 전치사

in
안에

on
위에

in front of
앞에

above
위쪽에

behind
뒤에

beside
옆에

with
~와 함께

off
떨어져, 분리되어

into
안으로

out
밖으로

under
밑에

across
건너서, 가로질러

평가 문제

1 다음 영문을 해석하세요.

1 It is behind you. _____

2 What do you have in your hand?

_____

3 Is there a toilet near here? _____

2 다음 빈칸에 올바른 전치사를 넣으세요.

1 _____ the table 테이블 위에   _____ the bag 가방 속에

2 _____ Incheon 인천으로   _____ the tree 나무 뒤에

3 _____ London 런던으로부터 _____ the chair 의자 아래

_____ the bank 은행 옆에

3 다음을 영어로 바꿔봐요.

1 그것은 2층에 있습니다. _____

2 저는 아내와 함께 있습니다. _____

3 서랍 속에 있습니다. _____

my wife. / They're in the drawer.
in / to, behind / from, under, beside   **3** It's on the second floor. / I'm with
2 on, 당신 뒤에 있습니다. / 당신 손에 무엇을 갖고 계세요? / 근처에 화장실이 있나요? **1**

Day 20

명령하기

명령형 문장을 만들기는 어렵지 않다. 동사를 앞에 두면 된다. 그리고 명령인
지 부탁인지는 말투가 부드러운가, 딱딱한가에 달렸다. 그리고 문장 앞이나
뒤에 please를 붙이면 부드러운 표현이 된다.

기본 표현

A   Do you like me?
    두 유 라이크 미?
    너는 나를 좋아해?

B   I love you so much.
    아일 러브 유 소우 머취
    나는 널 무척 사랑해.

A   Great! I'm so happy.
    그레잇 아임 소우 해피
    앗싸! 나 참 행복하다.

B   Then kiss me, please.
    덴 키스 미 플리즈
    그럼 나한테 키스해줘.

Come here! 컴 히어
여기 와!

Sit down, please! 씻 다운 플리즈
앉으세요!

명령이나 부탁을 할 때는 동사를 앞에 두면 된다. 부드럽게 부탁하고 싶으면 명령형 뒤에 please를 붙이면 된다.

Do you like me?
me는 I의 목적격이다. 그래서 '나를'이라고 해석된다.

I love you so much.
여기에서 you가 목적격이다(you는 주격과 목적격이 동일). 그래서 '너를 아주(so) 많이(much) 사랑한다.'라고 해석된다.

Come here!
come은 '오다'이고 here는 '여기'니까 "여기로 오세요."라고 생각하면 된다.

Sit down!
sit은 '앉다'라는 동사이고 down은 '아래로'라는 전치사다. 보통 앉으라고 권유할 때는 Sit down.이라고 한다.

꼭 외워야 할 단어

love [lʌv] 사랑하다
so [sou] 무척, 매우
much [mʌtʃ] 매우, 무척
great [greit] 위대한, 멋진
happy [hǽpi] 행복한
kiss [kis] 키스하다, 입 맞추다

me [mi:] 나에게
please [pli:z] 부디, 제발, 미안하지만
come [kʌm] 오다
here [hiər] 여기
sit [sit] 앉다
down [daun] 아래로

〈흔히 쓰는 명령문〉
Stand up, please! 일어나세요!
Follow me. 나를 따라와.
Say something. 뭔가 말해봐.
Study hard! 공부 열심히 해!
Give me your phone number. 네 전화번호 좀 알려줘.
Get out of here! 여기서 나가!
Turn left! 좌회전 하세요!
Hurry up! 어서 서둘러!

실전 회화

A Dad, wait a minute! 댓 웨이러 미닛
아빠, 잠깐만!

Give me some money. 깁 미 섬 머니
나 돈 좀 주세요.

B How much do you need? 하우 머취 두 유 니드?
얼마나 필요하니?

A I need twenty thousand won. 아이 니드 트웬티 싸우전드 원
2만 원이 필요해요.

B Then, clean my shoes. 덴 클린 마이 슈즈
그럼 내 구두를 닦아라.

A OK, no problem!

오우케이 노우 프러블럼

응, 문제없어!

Open the door! 오픈 더 도어

문을 열어요!

Look at my eyes.

룩앳 마이 아이즈

내 눈을 보세요.

Think today and speak tomorrow.

씽크 투데이 앤 스피크 투모로우

오늘 생각하고 내일 말하라. (속담)

Laugh and the world will laugh with you.

래프 앤 더 월드 윌 래프 윗 유

웃어라 그러면 세상이 너와 함께 웃을 것이다.

꼭 외워야 할 단어

wait [weit] 기다리다
minute [mínit] 분
give [giv] 주다
some [sʌm] 약간
money [mʌ́ni] 돈
how much [hau-mʌtʃ] 얼마나
need [niːd] 필요하다
thousand [θáuzənd] 천(千)
then [ðen] 그러면, 그때

clean [kliːn] 청소하다, 닦다
problem [prábləm] 문제
open [óupən] 열다
door [dɔːr] 문
look at ~를 바라보다
eye [ai] 눈
think [θiŋk] 생각하다
laugh [læf] 웃다
world [wəːrld] 세상

A   **Let's drive to Las Vegas.**
렛츠 드라이브 투 라스베이거스
라스베가스로 드라이브 가자.

B   **That's a good idea!**
댓츠 어 굿 아이디어
그거 좋은 생각이다!

Let's go! 렛츠 고우
갑시다!

Let's get out of here!
렛츠 게라우러브 히어
여기서 나갑시다!

Let's watch TV together.
렛츠 워치 티비 투게더
함께 TV를 봅시다.

A   **Let's have a drink!**
렛츠 해브 어 드링크
한 잔 하자!

B   **Thanks! You are a true friend.**
쌩쓰 유 아 러 추루 프렌드
고마워! 네가 진정한 친구다.

Let bygones be bygones. 렛 바이건즈 비 바이건즈
지나간 일은 지난 일로 치자. (과거의 허물을 탓하지 말라) (속담)

be동사 뒤에 형용사를 넣으면 명령형이 된다.

Be happy! 행복해지세요!

Boys, be ambitious!

(소년들이여, 야망을 품어라!) 이 말은 원래 지금으로부터 약 120년 전 근대화에 힘쓰던 일본의 홋카이도(北海道)에 있는 농림학교 졸업식에서 미국인 **William Clark** 박사(세계적인 학자이며 홋카이도대학 초대학장으로 홋카이도대학에 흉상이 있음)가 학생들에게 한 연설이랍니다.

That's a good idea!

(그거 좋은 생각이다!)는 Sounds good! 또는 Sounds nice!라고도 한다. 이것은 앞에 It이 생략된 것이다.

Let's get out of here!

Let's를 빼고 **Get out of here!** 라고 하면 거친 말로서 "꺼져!" "어서 나가!"라는 명령이다.

꼭 외워야 할 단어

careful [kéərfəl] 조심하는, 주의하는
ambitious [æmbíʃəs] 야심적인, 야망이 있는
drive [draiv] 운전하다, 드라이브하다
Las Vegas 라스베가스(미국의 도시)
idea [aidíːə] 생각, 제안
go [gou] 가다

get out of ~을 빠져나가다
watch [watʃ] 보다, 관찰하다
together [təgéðər] 함께
drink [driŋk] 술, 음료; 마시다
true [truː] 진실한
bygone [báigɔ̀ːn] 지난 일, 과거지사

Let's have a drink.

drink는 술을 의미한다. 술꾼이라면 알아둬야 할 표현.

Let bygones be bygones.

bygone은 명사화 된 말인데 동사는 go by(지나가다)이다. 비슷한 표현
으로 컴퓨터를 '업그레이드(upgrade)'한다고 하는데, grade up(등급
이나 수준을 높이다)에서 나온 말이다.

평가 문제

1 다음 영문을 해석하세요.

1 Let's meet at the station at 8.

   _____

2 Let's get out of here! _____

3 Let bygones be bygones. _____

2 다음 문장을 완성시키세요.

1 Let's _____ tonight.   오늘밤 외식하자.

2 That's a _____ !   그거 좋은 생각이다!

3 Let's _____ Las Vegas.   라스베가스로 드라이브 가자.

3 다음을 영어로 바꿔봐요.

1 남자답게 굴어! _____

2 긍정적으로 행동하세요. _____

3 술 한 잔 합시다. _____

4 함께 TV 보자. _____

Day 22

Don't 부정 명령문

'~하지 마!'라고 명령하는 부정명령문을 배워본다. Don't 뒤에 동사를 두면 된다. Don't는 '돈트'라고 읽는데 트를 아주 약하게 발음한다. 그래서 얼핏 듣기엔 '돈'만 들린다.

 기본 표현

Don't kiss my sister! 돈 키스 마이 씨스터
내 여동생에게 키스하지 마!

Don't hit on her!
돈 히런 허

그 애를 꼬시지 마!

Don't be angry.
돈 비 앵그리

화내지 마.

Don't be a fool.
돈 비 어 풀

바보처럼 굴지 마.

Don't preach to me! 돈 프리치 투미
내게 설교하지 마!

꼭 외워야 할 단어

hit on 꼬시다, 수작을 걸다
angry [ǽŋgri] 화가 난

fool [fuːl] 바보
preach [priːtʃ] 설교하다, 잔소리하다

Don't

부정명령문을 만드는 방법은 앞에서 배운 2가지 명령형(동사 기본형, Be+ 형용사) 앞에 Don't만 붙이면 된다.

부정 명령문을 좀 부드럽게 말하려면 please를 문장 제일 앞이나 뒤에 두면 된다.

Please, don't leave me. 부디 나를 두고 떠나지 마세요.

Don't be angry, please. 제발 화내지 마세요.

Never

Don't보다 더욱 강한 금지를 나타내며 Don't와 마찬가지로 Never를 동사원형 앞에 두면 된다.

Never surrender! 결코 항복하지 매! 포기하지 매! (surrender 항복하다)

Never say die! 결코 죽는 소리 하지 매! (say 말하다 die 죽음)

Never give up! 절대 포기하지 마래! (give up 포기하다)

실전 회화

Don't worry, be happy. 돈 워리 비 해피

걱정하지 말고 행복하세요.

Don't cry for me, Argentina. 돈 크라이 포 미 아르젠티나

나를 위해 울지 마오, 아르헨티나여.

Don't be shy. 돈 비 샤이

수줍어하지 마세요.

Don't be negative. 돈 비 네거티브
부정적으로 행동하지 마세요.

Don't click this banner. 돈 클릭 디스 배너
이 배너를 클릭하지 마세요.

Don't drink and drive. 돈 드링크 앤 드라이브
음주운전하지 마세요.

Don't put all your eggs in one basket.
돈 풋 올 유어 엑즈 인 원 배스킷
한 바구니에 계란을 모두 담지 마라. (속담)

Don't count your chickens before they hatch.
돈 카운트 유어 치킨스 비포 데이 해치
병아리가 부화되기도 전에 세지 마라. (속담)

Don't judge a book by its cover.
돈 저쥐 어 북 바이 잇스 커버
책표지로 책을 판단하지 마라. (속담)

Don't cry over spilt milk.
돈 크라이 오버 스필트 밀크
엎질러진 우유를 보고 울지 마라. (속담)

Don't throw away the old shoes till you've got new ones.
돈 스로우 어웨이 디 올드 슈즈 틸 유 브갓 뉴 원즈
새 구두를 살 때까지 헌 구두를 버리지 말라. (속담)

영어 공부를 잘하는 한 가지 방법은 영어 노래를 듣는 일이다. 왜냐하면 영어 공부라는 것이 반복이 필요한 작업인데 사람은 반복을 하면 지겨워지기 때문이다. 하지만 좋은 노래는 여러 번 들어도 괜찮은 매력을 갖고 있다. 요즘은 편리한 시대라 인터넷에서 노래 제목만 검색하면 금방 노래를 들을 수 있다. youtube에서 가수의 영상이나 가사를 보며 들을 수도 있다.

Don't worry, be happy.
레게 머리를 한 흑인가수 Bobby McFerrin(바비 맥퍼린)의 대표곡으로 미국 대통령 선거 로고송으로 사용된 바 있다. 우리나라에도 널리 알려져 다들 들어보신 적이 있을 것이다.

Don't cry for me, Argentina.
Madonna(마돈나)가 동명의 영화에서 불러 유명한 곡이다.

꼭 외워야 할 단어

worry [wə́ːri] 걱정하다
happy [hǽpi] 행복한
cry [krai] 울다
for [fər; fɔ́ːr] (전치사)~를 위하여
Argentina 아르헨티나
shy [ʃai] 내성적인, 수줍어하는
negative [négətiv] 부정적인
click [klik] 클릭하다, 딸깍 소리내다
banner [bǽnər] 깃발, (인터넷)배너광고
drive [draiv] 운전하다
put [put] 두다

egg [eg] 계란
basket [bǽskit] 바구니
count [kaunt] 세다, 헤아리다
chicken [tʃíkən] 병아리, 닭
hatch [hætʃ] 부화하다
judge [dʒʌdʒ] 판단하다
cover [kʌ́vər] 덮개, 표지
spilt [spilt] 엎질러진
milk [milk] 우유
throw away 던져 버리다
till [təl, tíl] ~때까지

Don't put all your eggs in one basket.
무모하게 한 가지 일에 모든 것을 걸지 말라는 뜻입니다.

Don't count your chickens before they hatch.
이솝우화에서 나온 속담. 계란 여러 개를 바구니에 넣어 머리에 이고 가던 아가씨가 계란을 부화시켜 닭으로 키우고 그 닭에서 다시 계란을 팔아 돈을 많이 벌어 시집도 가고 다른 것도 사야지... 라고 상상하게 되었고 급기야 무도회에서 춤추는 상상을 하다가 돌부리에 넘어져 바구니의 계란을 모두 깨뜨리고 말았다는 얘기. 때가 무르익기도 전에 미리 이익을 계산하지 말라는 속담이다.

Don't judge a book by its cover.
외모만 잠시 보고 속 내용까지 단정하지 말라는 얘기.

Don't cry over spilt milk.
over는 보통 종료라는 뜻으로 쓰인다. Game over!는 게임이 끝났다는 뜻. 하지만 여기에서 over는 '~를 두고, ~앞에서'라는 뜻.

Don't throw away the old shoes till you've got new ones.
you've got~은 미국인들이 입에 달고 사는 표현인데 you have got의 단축으로 '갖게 되다, 소유하다'라는 뜻.

평가 문제

1 다음 영문을 해석하세요.

1 Don't hit on her. _____

2 Don't count your chickens before they hatch.

   _____

3 Don't cry over spilt milk. _____

2 다음 문장을 완성시키세요.

1 Don't _____   수줍어하지 마세요.

2 Don't _____   화내지 마.

3 Don't _____ and _____. 음주운전하지 마세요.

3 다음을 영어로 바꿔봐요.

1 걱정하지 말고 행복하세요. _____

2 절대 포기하지 마! _____

3 부정적으로 행동하지 마. _____

4 내게 설교하지 마. _____

give up! 9. Don't be negative. 10. Don't preach to me!
2 be shy / be angry / drink, drive **3** Don't worry, be happy. / Never
1 그 애를 꼬시지 마. / 병아리가 부화되기도 전에 세지 마라. / 엎질러진 우유를 두고 울지 마라.

194 | 완전 초보 영어 첫걸음

시간 표현

비즈니스를 하려면 시간을 잘 관리해야 하고 또 시간을 얘기할 경우가 많다. 그런데 문제는 one, two, three, four…를 확실히 외워도 막상 영어로 숫자를 들으면 머리에 들어오지 않는다는 사실. 반복 연습을 줄기차게 하는 수밖에 없을 듯.

기본 표현

A **What time is it?** 왓 타임 이즈 잇?
몇 시입니까?

B **It's four twenty.** 잇스 포어 트웬티
4시 20분입니다.

A **What time is it now?**
왓 타임 이즈 잇 나우?
지금 몇 시입니까?

B **It's six o'clock.** 잇스 씩스 어클락
6시 정각입니다.

꼭 외워야 할 단어

time [taim] 시간
what time 몇 시
four [fɔːr] 4
twenty [twénti] 20

now [nau] 지금
six [siks] 6
o'clock [əklák, əklɔ́k] ~시 정각

What time is it?

시간을 물어보는 가장 일반적인 표현이다.

It's four twenty.

(4시 20분입니다)는 **It's 4:20.**으로 표기해도 된다.

What time is it now?

지금을 나타내는 **now**를 붙이지 않아도 되지만 강조의 의미로 쓰였다.

o'clock

정각(분침이 12를 가리키는 경우)을 나타내는 시간에만 쓰이며 생략할 수도 있다. 즉 **It's 5.**[잇스 파이브]로 쓸 수도 있다. 이 말의 원래 형태는 **of the clock**이지만 현재는 **o'clock**으로만 사용한다.

시간이 오전인지 오후인지 나타낼 때는 **5 in the morning**(아침 5시), **3 in the afternoon**(오후 3시), **10 in the night**(밤 10시)라고 하면 된다. 우리가 알고 있는 **AM**(오전)과 **PM**(오후)는 3:20 a.m.으로 나타내는데 일상회화보다는 공식적인 교통수단의 출발시간 또는 뉴스 등을 안내할 때 말한다.

A **What time do you see your boyfriend today?** 왓 타임 두 유 씨 유어 보이프렌드 투데이?
오늘 몇 시에 남자친구와 만나니?

B **At six forty.** 앳 식스 포리
6시 40분이에요.

A **Do you have the time?**
두 유 해브 더 타임?
몇 시입니까?

B **It's a quarter after ten.**
잇스 어 쿼러 앱터 텐
10시 15분입니다.

It's ten to nine. 잇스 텐 투 나인
9시 10분 전입니다.

It's 2:30. 잇스 투 써리
2시 30분입니다.

It's a quarter to five. 잇스 어 쿼러 투 파이브
4시 45분입니다.

A **What time do you get up?**
왓 타임 두 유 게럽?
몇 시에 일어나세요?

B **I get up at 6:30.** 아이 게럽 엣 씩스 써리
저는 6시 반에 일어납니다.

A What time does the express train leave?

왓 타임 더즈 디 익스프레스 추레인 리브?

특급열차는 몇 시에 출발하나요?

B It leaves at 8 o'clock.

잇 리브즈 엣 에잇 어클락

8시에 떠납니다.

A Then, let's meet at 7:30.

덴 렛츠 미트 엣 쎄븐 써리

그럼 7시 반에 만납시다.

영어 감각 키우는 **문장 뜯어보기**

quarter

1/4로서 시계로 말하자면 시계 전체가 60분이므로 **a quarter**는 15분을 가리킨다. **quarter after ten**은 10시 이후 15분이니까 10시 15분. **a quarter to five**는 5시를 향하는 15분이니까 아직 5시 이전이므로 4시 45분이다. 따라서 시간 표현에서 **quarter**를 쓰는 것은 15분과 45분 두 가지뿐이다.

ꙮ 꼭 외워야 할 단어

what time 언제, 몇 시	**express** [iksprés] 급행의
quarter [kwɔ́:rtər] 1/4	**train** [trein] 열차
after [ǽftər] 후, 뒤	**leave** [li:v] 떠나다, 출발하다
get up 일어나다	**meet** [mi:t] 만나다

Do you have the time?

시간을 묻는 말이다. 그런데 **Do you have time?**이라고 하면 '잠시 시간 있어요?'라는 이성을 꼬실 때 쓰는 작업멘트가 된다.

at

시간(또는 장소) 앞에 오는 전치사이다. 참고로 **e-mail** 주소에 꼭 들어가는 골뱅이(@)를 영어에선 **at**이라고 부른다. 장소를 가리키는 의미로 쓰인 것이다.

2:30

half after two라고 할 수도 있다.

It leaves at 8 o'clock.

It(그것)은 **the express train**(특급열차)을 의미한다. **leaves**에 **s**가 붙은 것은 3인칭 단수 현재이기 때문이다. 열차는 대개 매일 반복적으로 같은 시간에 출발하기 때문에 규칙적으로 반복되는 것은 현재 취급을 한다.

To be is to do.

산다는 것은 행하는 것이다.   칸트

A person without a sense of humor is like a wagon without springs.

유머 감각이 없는 사람은 스프링 없는 자동차와 같다.   헨리 비처

평가 문제

1 다음 영문을 해석하세요.

1 What time is it now? _____

2 Do you have the time? _____

3 What time does the express train leave?

_____

2 다음 질문에 답하시오.

1 What time do you get up? _____ 7시 반에 일어남

2 What time is it? _____ 10시 45분

3 What time do you go to bed?

_____ . (go to bed 잠자리에 들다) 11시

3 다음을 영어로 바꿔봐요.

1 12시 45분이다. _____

2 9시 15분에 만납시다. _____

3 3시 20분이다. _____

4 10시 15분입니다. _____

---

1 지금 몇 시입니까? / 몇 시 입니까? / 그 특급열차는 몇 시에 출발합니까? **2** I get up at seven thirty. / It's a quarter to eleven. 또는 It's ten forty five. / I go to bed at eleven o'clock. **3** It's twelve forty-five. 또는 It's a quarter to one. / Let's meet at nine fifteen. / It's three twenty. / It's a quarter after ten.

Day 24

나이 묻기

우리나라는 나이를 중시하는 문화라서 나이를 묻는 것이 이상하지 않지만 서양에선 나이를 궁금해 하지 않고 게다가 초면에 물어보면 큰 실례가 되고 만다. 서양인에게 나이 물어보는 걸 조심해야 한다. 조금 친해지면 괜찮지만 초면에는 안 된다는 말씀.

기본 표현

A   **How old are you?** 하우 올드 아 유?
    당신은 나이가 몇이세요?

B   **I'm 45 years old.**
    아임 포티 파이브 이어즈 올드
    저는 마흔다섯입니다.

A   **How tall is that girl?**
    하우 톨 이즈 댓 걸?
    저 여자 키는 얼마나 됩니까?

B   **She is 164 centimeters tall.**
    쉬 이즈 원 헌드러드 식스티포 센티미터즈 톨
    그녀의 키는 164센티미터입니다.

꼭 외워야 할 단어

tall [tɔːl] 키가 큰
hundred [hʌndrəd] 백(100)
sixty-four 육십사(64)

centimeter [séntəmiːtər] 센티미터, 길이의 단위

How old are you?

미국 드라마나 영화를 보면 나이를 묻는 질문에 짧게 **Twenty eight.**(스물 여덟)이라고 숫자만으로 대답하는 경우가 많습니다. 이렇게 짧게 말하는 건 물론 정중하지 않은 표현이지요.

우리는 초면에도 나이나 개인정보(호구 조사)를 물어보지만 영미인은 나이에 대해 별로 궁금해 하지 않습니다. 나이를 중시하지 않는 문화를 가졌기 때문입니다. 친하지 않은 사이에는 나이는 묻지 않는 것이 좋은 매너입니다. 하지만 남녀노소 불문하고 이름을 묻는 건 전혀 실례가 아닙니다.

centimeter

미국인 앞에서 '센치미터'라고 말하면 안 됩니다. 일본식 발음이기 때문이죠. **sentimental** [센티멘틀] (감상적인)을 왜 그렇게 '센치'해져 있니? 라고 해서도 안 되겠죠?

A How many are in your family?
하우 매니 아 인 유어 패밀리?
당신 가족은 몇 명입니까?

B I have four people in my family.
아이 해브 포어 피플 인 마이 패밀리
저는 가족으로 5명이 있습니다.

Father, mother, younger sister and me.
파더, 마더, 영거 시스터 앤 미
아버지, 어머니, 여동생과 저입니다.

A How old are your parents?
하우 올드 아 유어 패어런츠?
부모님은 연세가 얼마나 되셨나요?

B Father is 65 years old and mother is 61.
파더 이즈 식스티 파이브 이어즈 올드 앤드 마더 이즈 씩스티 원
아버지는 예순다섯이고 어머니는 예순 하나입니다.

A How old is your sister?
하우 올드 이즈 유어 씨스터?
여동생 나이는 어떻게 됩니까?

B She's 25 years old.
쉬즈 트웬티 파이브 이어즈 올드
그 애는 스물다섯입니다.

A   How much is this T-shirt?

하우 머취 이즈 디스 티셧?

이 티셔츠는 얼마인가요?

B   It's 20 thousand won. 잇스 트워니 싸우전드 원

그것은 2만 원입니다.

A   How much money do you have?

하우 머취 머니 두 유 해브?

돈 얼마나 갖고 있니?

B   I have no money. 아이 해브 노우 머니

나 돈 없어.

How many are in your family?

가족이 몇 명인지 묻는 표현은 한 가지만 있는 것이 아니다. 다음과 같이
말할 수도 있다.

How big is your family?

How many people are in your family?

꼭 외워야 할 단어

family [fǽməli] 가족
grandfather [grǽndfɑ̀ːðər] 조부, 할
아버지
parent [péərənt] 부모
how much 얼마, 얼마나(액수, 가격)

T-shirt [tíːʃəːrt] 티셔츠
won [wan] 원(우리나라 화폐단위)
no [nou] 없는
money [mʌni] 돈

I have four people in my family.
가족이 몇 명인지 대답할 때도 여러 가지로 표현 가능하다.

There are four in my family.
We are a family of four.

How old are your parents?
부모님은 두 사람이기 때문에 parents라고 복수형으로 쓴다.

나이, 높이, 가격 등의 수량으로 된 대답을 들으려면 의문사 how에 형용
사를 붙여 물어봐야 한다.

How old is the girl? 그녀의 나이는 몇 살인가요? (나이)
How high is that tower? 저 탑의 높이는 얼마나 되나요? (높이)
How much is this? 이것은 얼마인가요? (가격)

How old is your sister?
sister라고만 하면 자매이므로 누나인지 여동생인지 알 수는 없다. 따라
서 여동생을 나타내려면 younger sister이고 누나라면 elder sister
이다. 그런데 우리나라처럼 형제나 선후배간의 나이 서열을 따지는 나라는
거의 없으며 영미인들은 특히나 형제자매를 말할 때 형(누나)인지 동생인
지 굳이 말하지 않는다. 형제간에 직접 부를 때도 John이나 Judy 등으
로 이름을 부른다. 헐리웃 영화를 보더라도 회사에서 상사에게도 이름으로
부른다. 과장님, 부장님으로 부르는 우리에겐 놀라운 일이지만 그들에겐
그게 가장 합리적이고 당연한 일이다.

How much is this T-shirt?
가격을 물어볼 때는 How much를 쓴다.

예 이 연필들은 얼마인가요? How much are these pencils?

How much money do you have?

돈을 얼마나 갖고 있냐고 묻는 질문인데 돈(money)이란 셀 수 없는 추상명사로 취급하여 much를 쓴다. 셀 수 있는 것은 how many~로 묻는다.

셀 수 있는 것– How many friends do you have? 친구가 몇명 있습니까?

셀 수 없는 것– How much water do you want? 물을 얼마나 원하세요?

I have no money.

돈이 없다는 표현이다. I have no idea. 이것은 무슨 뜻일까? 나는 아이디어가 없다? 이것은 하루에도 수십 번 말하는 "몰라."라는 말이다. I don't know.와 같은 말.

평가 문제

1 다음 영문을 해석하세요.

1 How tall are you? _____

2 She is one hundred and fifty centimeters tall.

   _____

3 How old are your parents? _____

2 다음 문장을 완성시키세요.

1 _____ this T-shirt?   이 티셔츠는 얼마인가요?

2 _____ do you have?   돈 얼마나 갖고 있어요?

3 I have four people _____.   저는 가족이 5명 있습니다.

3 다음을 영어로 바꿔봐요.

1 저는 마흔다섯입니다. _____

2 2만원입니다. _____

3 나 돈 없어. _____

4 당신은 나이가 몇이세요? _____

---

1 키가 얼마나 되세요? / 그녀는 150센티미터입니다. / 부모님 연세가 어떻게 되십니까? **2** How much is / How much money / in my family **3** I'm forty five years old. / It's twenty thousand won. / I have no money. / How old are you?

Day 25

There is 문형

어떤 것이 있다고 표현하는 중요한 문형이 바로 There is~(단수) 또는 There are~(복수) 문형이다. 이를 부정하는 말은 There is no~(단수)가 된다. not이 아닌 no가 오는 점을 주의할 것.

기본 표현

Here is my passport. 히어리즈 마이 패스포트

여기 제 여권이 있습니다.

There are many banks in the airport.

데어러 매니 뱅크스 인 디 에어포트

공항에는 은행이 많이 있습니다.

A   Is there a subway station near here?

이즈 데어러 섭웨이 스테이션 니어 히어?

여기 근처에 지하철역이 있나요?

B   Yes, there is. Go straight this way.

예스 데어리즈 고우 스트레잇 디스 웨이

예. 있습니다. 이 길을 따라 쭉 가세요.

꼭 외워야 할 단어

here [hiər] 여기
city [síti] 도시, 시내
map [mæp] 지도
dictionary [díkʃənèri] 사전
subway [sʌ́bwèi] 지하철

station [stéiʃən] 역
near [niər] 근처
go [gou] 가다
straight [streit] 쭉, 곧장, 일직선으로

208 | 완전 초보 영어 첫걸음

There are many banks～

there는 '거기'라는 뜻이지만 There is(are)～라는 문장에서는 '거기'라는 의미는 없고 그냥 '어떤 것이 있다.'라는 의미가 된다. 물론 There is 뒤에는 단수 명사가 오고 There are 뒤에는 복수 명사가 온다.

in

뒤에 장소가 오면 좀 규모가 큰 것, 도시라든가 대형시설 따위가 온다.

Go straight this way.

동사가 앞으로 나와서 명령형이다. way는 길, 방향을 나타낸다.

 Joke

거기가 뭔가요?

A : "영어로 어깨를 뭐라고 할까요?"

B : "shoulder(쇼울더)요."

A : "그러면 엉덩이는?"

B : "hip(힙)이죠."

A : "그럼 거기는?"

B : "....?!"

A : "there!(거기, 그곳)"

A **How many girls are there in your club?**
하우 매니 걸즈 아 데어 인 유어 클럽?
너네 동아리에 여자가 몇 명 있니?

B **There are about five girls.**
데어라 어바웃 화이브 걸즈
다섯 명 정도 있어.

A **Are there any foreigners?**
아 데어 애니 포리너즈?
혹시 외국인이 있나요?

B **Yes, there are two.**
예스 데어라 투
예, 두 명 있습니다.

One is Chinese and the other is Japanese.
원 이즈 차이니즈 앤 디 아더 이즈 재퍼니즈
한 명은 중국인이고 다른 이는 일본인입니다.

A **Are there any mountains in your hometown?**
아 데어 애니 마운틴스 인 유어 홈타운?
당신 고향에 산이 있습니까?

B **Yes, there is a big one.**
예스 데어리즈 어 빅 원
예, 큰 것이 하나 있습니다.

There is no cloud in the sky.
데어리즈 노우 클라우드 인 더 스카이

하늘에 구름 한 점도 없다.

There're some coins in my pocket.
데어러 섬 코인즈 인 마이 파킷

내 주머니 속에 동전이 약간 있다.

There is no royal road to learning.
데어리즈 노우 로이열 로드 투 러-닝

학문에는 왕도가 없다. (속담)

There is a time for everything.
데어리즈 어 타임 포 에브리씽

만사에는 때가 있는 법이다.

꼭 외워야 할 단어

club [klʌb] 클럽, 동아리
about [əbáut] 약, 대략
foreigner [fɔ́(:)rinəːr] 외국인
mountain [máuntən] 산
hometown [hóumtaun] 고향
cloud [klaud] 구름
sky [skai] 하늘

coin [kɔin] 동전
pocket [pákit] 주머니
royal [rɔ́iəl] 왕의
road [roud] 길, 도로
learning [lɔ́ːrniŋ] 학문, 배움, 학습
everything [évriθiŋ] 모든 것

How many girls are there~

어떤 것의 수량을 물을 때 쓰는 표현이다.

There are about five girls.

about은 전치사로서 '대략'이라는 뜻이고 수량을 정확히 얘기할 수 없을 때 쓰는 말이다.

Are there~?

대답은 Yes, there are. 또는 No, there aren't.가 된다.

One is ~ and the other is ~.

두 가지 사물을 하나하나 얘기할 때 쓰는 표현이다.

> 예 One is a mobile phone and the other is a tablet PC. 하나는 휴대폰이고 다른 하나는 태블릿PC다.

there is a big one.

여기에서 one은 하나라는 뜻이 아니라 '어떤 것'이란 뜻의 대명사이다. 즉 mountain을 뜻한다.

There're some coins in my pocket.

in은 전치사라고 합니다. in은 어떤 공간의 속을 뜻합니다.

There is no royal road to learning.

왕이라 해도 공부하는 데는 특별히 편한 길이 없고 열심히 노력해야 한다는 얘기입니다.

There is a time for everything.
모든 일에는 그에 맞는 때가 있으니 참고 기다려야 한다는 얘기.

Joke

제일 똑똑하신 양반

조종사(pilot), 메시, 빌 게이츠, 교황(the Pope), 피자배달부(pizza delivery man)가 소형 비행기에 타고 있었다. 폭풍우가 몰아치는 와중에 번개(lightning)가 비행기를 타격했다.

조종사가 갑자기 승객들(passengers)에게 안내방송을 시작한다. 잠시 후에 비행기가 추락(crash)할 거라는 뻔한 얘기. "죄송하오나 현재 구비된 낙하산(parachute)이 네 개밖에 없습니다. 나는 조종사니까 하나 가져야겠습니다." 그는 잽싸게 낙하산을 낚아채고 뛰어내렸다.

"난 가장 위대한 선수(the greatest athlete)고 세계가 내 경기를 보고 싶어하니 난 살아야겠소." 메시도 뛰어내렸다.

"난 세계에서 제일 똑똑한 사람(the smartest man)이오. 인류를 위해 난 살아야 하오." 게이츠도 뛰어내렸다.

그러자 교황이 얘기한다. "난 살만큼 살았네. 마지막 낙하산은 자네가 가지고 뛰어내리게."

배달부 왈 "안 그러셔도 되요. 제일 똑똑한 양반이 제 배낭(backpack)을 짊어지고 뛰어내렸거든요.

평가 문제

1 다음 영문을 해석하세요.

1 There are many banks in the airport.

　　_____

2 How many girls are there in your club?

　　_____

3 There is no royal road to learning.

　　_____

2 다음 문장을 완성시키세요.

1 _____ any foreigners?　　혹시 외국인이 있나요?

2 _____ cloud in the sky.　　하늘에 구름 한 점도 없다.

3 _____ my passport.　　여기 제 여권이 있습니다.

4 _____ is Chinese and _____ is Japanese.

　　한 명은 중국인이고 다른 이는 일본인입니다.

3 다음을 영어로 바꿔봐요.

1 이 길로 쭉 가세요. _____

2 여자가 약 다섯 명 있습니다. _____

3 큰 것이 하나 있습니다. _____

날짜 말하기

날짜를 말할 때는 서수로 읽는다. 그러니까 May 7(5월 7일)은 [메이 쎄븐스]라고 읽는다. 월 이름(January, February…)과 요일 이름(Sunday, Monday…)은 머리글자를 대문자로 표기한다.

기본 표현

A　When is your birthday?

웬 이즈 유어 버스데이?

네 생일은 언제니?

B　My birthday is June 14th.

마이 버-스데이 이즈 준 포틴스

내 생일은 6월 14일이야.

It is fall. 잇 이즈 폴

(지금은) 가을이다.

It's warm today. 잇스 왐 투데이

오늘은 따뜻하다.

It's sunny. 잇스 써니

날씨가 맑다.

꼭 외워야 할 단어

birthday [bə́ːrθdèi] 생일
June [dʒuːn] 6월
fall [fɔːl] 가을

warm [wɔːrm] 따뜻한
today [tədéi] 오늘
sunny [sʌ́ni] 맑은, 화창한

when
'언제'라는 때, 시간을 나타내는 의문사.

My birthday is June 14.
날짜를 읽을 때는 서수로 읽는다. 따라서 **fourteenth**가 된다.

날씨, 시간, 계절을 말하는 표현
It's ~로 날씨를 말하는 것을 '비인칭 주어' 용법이라고 한다.

현재의 계절, 시간, 날씨, 날짜 등을 말할 때 **it**은 해석하지 않는다. **It's**는 '현재 ~하다'라고 생각하면 된다. 이런 경우 **it**을 어려운 문법용어로 '비인칭 주어'라고 한다. (어려운 말은 기억하시지 않아도 됩니다. 그리고 **It's**만 보면 무조건 '비인칭 주어'라고 말하시면 안 됩니다. 현재의 계절, 시간, 날씨 등을 나타낼 때만 그렇습니다.)

It's sunny.   (현재) 화창하다. (해가 잘 비친다)

It's fine.   날씨가 좋다.

It's hot.   덥다.

It's rainy.   비가 내린다.

It's cloudy.   구름이 끼어 있다.

It's cold.   춥다.

- - -

It's 2:30.   (현재) 두 시 30분이다.

It's 3 o'clock.   (현재) 세 시다.

- - -

It's spring.   (이제) 봄이다.

It's Sunday.   (오늘은) 일요일이다.

A   **What's the date today?**

왓츠 더 데이트 투데이?

오늘이 며칠이죠?

B   **It's April 1, 2019.**

잇스 에이프릴 퍼스트 투싸우전드 나인틴

2019년 4월 1일입니다.

A   **When is your wedding ceremony?**

웬 이즈 유어 웨딩 세리모니?

네 결혼식이 언제니?

B   **It's February 15.**

잇스 페브루어리 피프틴쓰

2월 15일이야.

A   **When is your payday?**

웬 이즈 유어 페이데이?

네 월급날은 언제야?

B   **My payday is the 25th of every month.**

마이 페이데이 이즈 더 트웬티 핍쓰 업 에브리 먼쓰

내 월급날은 매월 25일이야.

A   **Is today May 23?**

이즈 투데이 메이 트웬티써드?

오늘은 5월 23일입니까?

B   Yes, it is. 예스 이리즈
     예, 그렇습니다.

A   Is tomorrow Christmas?
     이즈 투모로우 크리스머스?
     내일이 성탄절입니까?

B   No, it isn't. Today is Christmas.
     노우 잇 이즌트. 투데이 이즈 크리스머스
     아니오, 오늘이 성탄절입니다.

꼭 외워야 할 단어

date [deit] 날짜, (남녀간의)데이트
April [éiprəl] 4월
wedding ceremony   결혼식
February [fébruèri] 2월
payday [peídèi] 월급날

every [évri] 모든, 매~
month [mʌnθ] 달, 월
tomorrow [təmɔ́:rou, təmárou] 내일
Christmas [krísməs] 크리스마스

연도를 읽을 때는 두 자리씩 끊어 읽는다. 2014년은 twenty fourteen. 1998년은 nineteen ninety eight. 1972년은 nineteen seventy two. 2006년은 two thousand six로 읽을 수도 있다.

It's April 1, 2019.

우리는 연도를 앞에 두는데 영어로는 제일 뒤에 놓는다. 그리고 월 이름은 대문자로 시작함을 기억할 것.

7월 5일이라는 날짜를 말할 때는 July fifth, 또는 July the fifth라고 말하는데 정식 표현은 the를 넣는 것이지만 일반적으론 간편한 전자를 많이 사용한다.

Is tomorrow Christmas?

내일은 tomorrow이고 어제는 yesterday[예스터데이]라고 한다. 또 크리스머스를 영어로 Xmas라고 간략하게 적기도 하는데 이것은 [크리스머스] 또는[엑스머스]라고도 읽는다.

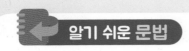

▪ 서수(序數) 읽기

날짜를 읽을 때는 서수로 읽습니다. 앞에서 배운 숫자(one, two, three…)는 기수라고 하며 여기에서 배우는 서수는 순서를 나타내는 숫자 표현입니다. 예를 들면 '첫 번째, 두 번째, 제 5차' 같은 표현입니다.

1st ★ first 퍼스트	8th ★ eighth 에잇쓰	15th fifteenth 피프틴쓰
2nd ★ second 세컨드	9th ★ ninth 나인쓰	16th sixteenth 씩스틴쓰
3rd ★ third 써드	10th tenth 텐쓰	17th seventeenth 쎄븐틴쓰
4th fourth 포쓰	11th eleventh 일레븐쓰	18th eighteenth 에이틴쓰
5th ★ fifth 피프쓰	12th ★ twelfth 트웰프쓰	19th nineteenth 나인틴쓰
6th sixth 식쓰	13th thirteenth 써틴쓰	20th ★ twentieth 트웬티쓰
7th seventh 쎄븐쓰	14th fourteenth 포틴쓰	21st ★ twenty-first 트웬티퍼스트

★ 표시에 주의할 것.

야구 경기를 조금이라도 보신 분이라면 first, second, third는 들어 보셨을 겁니다.

1루는 first base(퍼스트 베이스), 2루는 second base(세컨드 베이스), 3루는 third base(써드 베이스), 1루수는 first base man이라고 하죠. 또 우리나라에서도 속어로 '숨겨놓은 여자'를 세컨드(둘째, 부인이 첫

째라면 애인은 둘째 여자가 되겠죠)라고 하죠. 그리고 대통령의 부인을 'first lady(퍼스트 레이디)'라고 합니다. 첫인상은 first impression(퍼스트 임프레션)이라고 합니다.

▪ 월 이름
달력을 보시면 알 수 있지만 3글자로 줄여서 간략하게 표기하기도 한다.

1월 January (Jan) 제뉴어리	2월 February (Feb) 페브루어리	3월 March (Mar) 마치
4월 April (Apr) 에이프릴	5월 May (May) 메이	6월 June (Jun) 준
7월 July (Jul) 줄라이	8월 August (Aug) 어거스트	9월 September (Sep) 셉템버
10월 October (Oct) 악토버	11월 November (Nov) 노벰버	12월 December (Dec) 디셈버

평가 문제

1 다음 영문을 해석하세요.

1. When is your birthday? _____

2. It's rainy. _____

3. My payday is the 25th of every month. _____

2 다음 문장을 완성시키세요.

1. _____ Christmas?   내일이 크리스마스입니까?

2. _____ your wedding ceremony?   네 결혼식이 언제니?

3. It's _____.   구름 낀 날씨다.

4. What's _____ today?   오늘이 며칠이지?

3 다음을 영어로 바꿔봐요.

1. 따뜻한 날씨야. _____

2. 추워. _____

3. 오늘은 12월 8일입니다. _____

eighth.
When is / cloudy / the date / It's warm. It's cold. **3**   the date   **2** Is tomorrow
1 네 생일은 언제니? / 비가 내린다. / (지금) 내 월급날은 매월 25일이야. **2** Is tomorrow

222 | 완전 초보 영어 첫걸음

be동사의 과거형

동사의 과거형을 배우는 첫 번째 관문은 be동사의 과거형이다. 우리말로는 '~
이다'를 '~이었다'라고 한다. 현재형은 am, are, is 세 가지 형태지만 과거형
은 was, were로 두 가지만 있다.

기본 표현

Madonna was a poor girl.
머다나 워즈 어 푸어 걸

마돈나는 가난한 여자였습니다.

But she was very ambitious.
벗 쉬 워즈 베리 앰비셔스

그녀는 매우 야심이 있었습니다.

Finally she became a famous singer.
파이널리 쉬 비케임 어 페이머스 싱어

마침내 그녀는 유명한 가수가 되었습니다.

She was absent yesterday.
쉬 워즈 앱슨트 예스터데이

그녀는 어제 결석했습니다.

But today she is present.
밧 투데이 쉬 이즈 프레즌트

하지만 오늘은 출석했습니다.

여기에서는 be동사의 과거형을 배운다. 과거형이란 '~였다' '~했다'라고 말하는 것이다. be동사가 현재형에서는 인칭에 따라 3가지(am, are, is)였지만 과거형은 2가지(was, were)뿐이다.

Madonna was a poor girl.

Madonna 미국의 유명 여가수이다. n이 두 개 있어도 하나만 발음된다. **summer**도 한글로는 썸머라고 표기하는 일이 많은데 '써머'라고 발음된다.

지금까지는 현재를 말하는 동사만 배웠지만 여기에서는 과거를 나타내는 be동사를 배운다. be동사의 과거형은 다음과 같다.

	단수	복수
1인칭	I was	We were
2인칭	You were	You were
3인칭	He she was It	They were

ꓹ 꼭 외워야 할 단어

poor [puər] 가난한
ambitious [æmbíʃəs] 야심 있는, 야망을 가진
finally [fáinəli] 마침내, 결국
became become(되다)의 과거형

famous [féiməs] 유명한
absent [ǽbsənt] 결석한
yesterday [jéstərdèi] 어제
present [préznt] 출석한, 참석한

Once upon a time, there were two brothers.

원스 어판 어 타임 데어 워 투 브라더즈

옛날 옛적에 두 형제가 있었습니다.

Heungbu was kind, but Nolbu was wicked.

흥부 워즈 카인드 벗 놀부 워즈 위키드

흥부는 착했습니다, 하지만 놀부는 심술궂었습니다.

I was on that island last year.

아이 워즈 온 댓 아일런드 래스트 이어

나는 작년에 그 섬에 있었습니다.

Ten years ago, the man was homeless.

텐 이어즈 어고우 더 맨 워즈 홈리스

10년 전에 그 남자는 노숙자였습니다.

A   Weren't you happy yesterday?

워언트 유 해피 예스터데이?

당신은 어제 행복하지 않았나요?

B   Yes, I was.   예스 아이 워즈

아뇨, 행복했습니다.

Steve Jobs was not rich but he was a genius.

스티브 잡스 워즈 낫 리치 벗 히 워즈 어 지니어스

스티브 잡스는 부자가 아니었지만 그는 천재였습니다.

He had many dreams.

히 해드 매니 드림즈

그에겐 많은 꿈이 있었습니다.

Jobs made a lot of new and nice products.

잡스 메이드 얼랏어브 뉴 앤 나이스 프러덕츠

잡스는 수많은 새롭고 멋진 제품을 만들었습니다.

In 2011 he died but today all the world respects him.

인 투싸우전드 일레븐 히 다이드 벗 투데이 올 더 월드 리스펙츠 힘

2011년 그는 사망했으나 오늘날 온 세상이 그를 존경합니다.

Jobs was a great man.

잡스 워즈 어 그레잇 맨

잡스는 위대한 사람이었습니다.

⌐ 꼭 외워야 할 단어

once upon a time 옛날에
wicked [wíkid] 못된, 사악한
island [áilənd] 섬
last year 지난해, 작년
ago [əgóu] 이전에
homeless [hóumlis] 노숙자의, 집없는
genius [dʒíːnjəs] 천재
dream [driːm] 꿈

made [meid] make(만들다)의 과거형
a lot of 많은
product [prádʌkt] 상품, 제품
died die(죽다)의 과거형
all the world 온 세상
respect [rispékt] 존경하다
great [greit] 위대한

Once upon a time
옛날에. 옛날이야기의 처음에 나오는 말.

Weren't you happy yesterday?
(당신은 어제 행복하지 않았습니까?)

Yes, I was. 아니오, 행복했습니다.
No, I wasn't. 예, 행복하지 않았습니다.
부정으로 묻는 것을 부정의문문이라고 한다. 그런데 우리말로는 "너 어제 안 갔니?"라고 물을 때 "응, 안 갔어." "아니, 갔어."라고 대답한다. 하지만 영어에서는 긍정으로 물어보든 부정으로 물어보든 대답이 달라지지 않는다. 위 영어 질문의 경우 부정의문문이지만 본인이 행복했다면 **Yes**이고 아니면 **No**이다.

was not
단축형은 wasn't이고 were not은 weren't라고 단축하여 쓴다.

last
마지막이란 뜻이지만 '지난'이란 뜻도 있다
　예 last chance 마지막 기회. last week 지난 주

He had many dreams.
had는 have동사의 과거형이다. 현재형은 have와 has가 있지만 과거형은 had뿐이다.

Jobs made a lot of ~
made는 '만들었다'라는 과거형인데, 모 코미디 프로에서 made를 마데

라고 잘못 읽어서 웃음을 유발하기도 했다. made in Korea는 한국에서 '만들어진'이라는 뜻이다.

In 2011 he died ~

연도를 말할 때는 전치사 in을 쓰고, 보통 문장의 처음이나 제일 뒤에 둔다.

He who knows, does not speak. He who speaks, does not know.

아는 자는 말하지 않고, 말하는 자는 알지 못한다. 노자

A day without laughter is a day wasted.

웃음 없는 하루는 의미 없는 하루다. 찰리 채플린

1 다음 영문을 해석하세요.

1 She was absent yesterday.

   _____

2 I was on that island last year.

   _____

3 Weren't you happy yesterday? _____

2 다음 문장을 완성시키세요.

1 She _____ ambitious. 그녀는 매우 야심이 있었습니다.

2 _____ two brothers. 두 형제가 있었습니다.

3 Ten _____ the man _____ homeless.

   10년 전에 그 남자는 노숙자였습니다.

4 She _____a famous singer.

   그녀는 유명한 가수가 되었습니다.

3 다음을 영어로 바꿔봐요.

1 마돈나는 가난한 여자였습니다. _____

2 그는 천재였습니다. _____

3 잡스는 위대한 사람이었습니다. _____

---

1 그녀는 어제 결석했습니다. / 나는 작년에 그 섬에 있었습니다. / 당신은 어제 행복하지 않았나요?
2 was very / There were / years ago, was / became **3** Madonna was a poor girl. / He was a genius. / Jobs was a great man.

일반동사의 과거형

be동사와 달리 일반동사의 과거형은 대부분 한 가지 형태만 갖는다. have, has의 과거형은 had 하나뿐이고, kiss(키스하다)처럼 규칙동사의 과거형은 ed만 붙이면 된다. 그래서 kissed(키스했다)가 된다. go(가다)처럼 불규칙 동사의 과거형은 went(갔다)인데 이렇게 일정한 규칙이 없는 것은 따로 암기 해야 한다.

기본 표현

A   Did you go to the hotel?

디주 고우 투 더 호우텔?

넌 어제 그 호텔에 갔었니?

B   Yes, I did.   예스, 아이 딧

응 갔었어.

Once upon a time there lived a poor wood-cutter.

원스 어판 어 타임 데어 리브드 어 푸어 웃커러

옛날에 어느 가난한 나무꾼이 살았습니다.

I liked the dancer from the start.

아이 라익트 더 댄서 프럼 더 스타트

나는 처음부터 그 댄서를 좋아했습니다.

I gave up drinking.   아이 게이브 업 드링킹

나는 술을 끊었습니다.

Did you go to the hotel?

일반동사의 과거형을 의문문으로 하는 경우 역시 do동사를 사용하는데 do 의 과거형은 **did**이다. 과거형은 인칭에 따라 달라지지 않고 **did**밖에 없다.

woodcutter

'웃커터'라고 발음하지만 미국에선 '웃커러'라고 t가 r처럼 발음된다.

> 예 **party**(잔치) 파티 → 파리, **water**(물) 워터 → 워러

하지만 t가 항상 이렇게 발음되는 것은 아니다. t가 첫음절에 오거나 강세 가 있는 음절에서는 원래대로 t로 발음된다. **tank**(탱크) 탱크, **Italian**(이 탈리아인) 이탤리언 **Italy**(이태리) 이럴리

하지만 외국어를 처음 배우는 입장에서 **party**를 '파리'라고 하지 않고 '파 티'라고 해도 촌스러운 것은 아니다. 영어를 모국어로 구사하는 사람 중에 그렇게 발음하는 사람도 많다. 특히 영국에서 그렇다.

I liked the dancer from the start.

from은 시간적 공간적으로 시작 지점을 나타냅니다. 따라서 해석은 '~ 로부터, ~에서부터'라고 해석합니다. **like**는 규칙동사라서 과거형을 만들 때 **ed**를 붙인다. 그런데 e로 끝나니까 **d**만 붙이게 된다.

꼭 외워야 할 단어

hotel [houtél] 호텔
live [liv] 살다, 거주하다
poor [puər] 가난한, 불쌍한
woodcutter [wúdkʌtər] 나무꾼
liked [laikd] 좋아했다

dancer [dǽnsər, dá:nsər] 댄서, 춤꾼
start [sta:rt] 시작, 처음
gave up 포기했다, 끊었다
drinking [dríŋkiŋ] 음주, 마시기

I gave up drinking.

담배를 끊었다라고 하려면 I gave up smoking.
gave(주었다)는 give(주다)의 과거형이다.

실전 회화

A How was your holiday?
하우 워즈 유어 할러데이?
휴일은 어땠어?

B It was so fun. 잇 워즈 소우 펀
아주 재미있었어!

A What did you do? 왓 디주 두?
뭐 했는데?

B I went rafting with my friends.
아이 웬트 래프팅 윗 마이 프렌즈
내 친구들과 래프팅 갔었어.

A Did you have a date yesterday?
디주 해버 데이트 예스터데이?
어제 데이트 했니?

B Yes, I did. I enjoyed it!
예스 아이 딧 / 아이 인조이딧
응, 그랬지. 아주 즐거웠어!

I met Miss Yang at a bookstore.

아이 멧 미쓰 양 애러 북스토어

나는 양 양과 어떤 서점에서 만났어.

The woman kissed a rich gentleman.

더 우먼 키스트 어 리치 젠틀먼

그 여자는 돈 많은 신사에게 키스했다.

But she didn't feel happy.

밧 쉬 디든트 필 해피

하지만 그녀는 행복하지 않았다.

Lincoln was born into a poor family.

링컨 워즈 본 인투 어 푸어 패밀리

링컨은 가난한 집안에서 태어났다.

But he became a great president.

벗 히 비케임 어 그레잇 프레지던트

하지만 그는 위대한 대통령이 되었다.

꼭 외워야 할 단어

holiday [hάlədèi] 휴일, 휴가
so [sou:, sə] 무척, 대단히
fun [fʌn] 재미있는
went [went] 갔다(go의 과거형)
rafting [rǽftiŋ] 래프팅
have a date 데이트하다
enjoy [indʒɔi] 즐기다, 즐겁게 보내다

met [met] meet(만나다)의 과거
bookstore [búkstɔːr] 서점, 책방
gentleman [dʒéntlmən] 신사, 남성
feel [fiːl] 느끼다
Lincoln 링컨(미국의 제16대 대통령)
born [bɔːrn] 태어난
president [prézədənt] 회장, 대통령

It was so fun.

fun은 '재미있다'는 긍정적인 의미이고 **funny**는 '이상하다, 골 때리다' 같은 부정적인 의미를 가진다.

What did you do?

여기에서 **did**는 의문문을 만들기 위한 조동사 역할이고 **do**는 어떤 행위를 '하다'라는 뜻입니다.

I went rafting with my friends.

went(갔다)는 go(가다)의 과거형. with는 '~와 함께'를 나타내는 전치사

Lincoln was born into a poor family.

태어났다는 표현을 할 때 꼭 나오는 말이 **be born**이다. **born**은 bear(낳다, 참다)의 과거분사

예 나는 1975년에 태어났다. → **I was born in 1975.**

알기 쉬운 **문법**

▪ 동사의 과거형

동사를 과거형으로 만들려면 먼저 동사가 규칙동사인지 불규칙동사인지 알아야 한다. (규칙인지 불규칙인지 어떻게 판단하느냐고요? 영한사전을 찾아보시면 됩니다. 사전 제일 뒤에 불규칙 동사만 실은 사전이 많아요.)

1) 규칙동사

규칙동사는 규칙적으로 동사에 ed를 붙이면 된다.(e로 끝나는 동사는 d
만 붙인다)

love (사랑하다) — loved (사랑했다)
play (놀다) — played (놀았다)
enter (입장하다) — entered (입장했다)
kiss (키스하다) — kissed (키스했다)

2) 불규칙동사

불규칙동사는 과거형이 제각기 다르므로 다 외워야 한다. 영어를 계속 공
부하다보면 불규칙동사의 과거형에도 여러 가지 정해진 모양(일정한 패턴)
이 있다는 것을 알게 된다. 공부를 하면 할수록 차츰 쉬워진다는 얘기.

go (가다) — went (갔다)
do (하다) — did (했다)
write (쓰다, 적다) — wrote (썼다)
come (오다) — came (왔다)
know (알다) — knew (알았다)

평가 문제

1 다음 영문을 해석하세요.

1 There lived a poor woodcutter.

　　_____

2 Did you have a date yesterday?

　　_____

3 Lincoln was born into a poor family.

　　_____

2 다음 문장을 완성시키세요.

1 I _____ the dancer from the start.

　　나는 처음부터 그 댄서를 좋아했습니다.

2 The woman _____ gentleman.

　　그 여자는 돈 많은 신사에게 키스했다.

3 She _____ happy.　그녀는 행복하지 않았다.

4 He _____ president.　그는 위대한 대통령이 되었다.

3 다음을 영어로 번역하세요.

1 너 어제 호텔에 갔었니?

　　_____

2 너 뭐 했니?

　　_____

3 아주 즐거웠어!

_____

4 나는 양 양과 어떤 서점에서 만났어.

_____

Actions are the seed of fate, deeds grow into destiny.

실행은 운명의 씨앗이고, 행위는 자라서 운명으로 바뀐다.   해리 트루먼

Each success only buys an admission ticket to a more difficult problem.

작은 성공을 이루면 더 큰 문제를 떠맡게 되는 티켓을 갖게 된다.   헨리 키신저

1 나는 가게가 나날이 상승합니다. / 어제 너 호텔 갔었니? / 헬리는 가난한 집안에서 태어났다.
2 키스했다 / 느끼지 않았다 / 부자가 되었다
3 Did you go to the hotel yesterday? / What did you do? / I enjoyed it! /
I met Miss Yang at a bookstore.

완전 초보 영어 첫걸음 | 237

Day 29 현재진행형 be + 동사ing

'be+동사ing'는 '현재진행형'이라는 시제 표현으로 현재 어떤 동작을 행하고 있는 중이라는 뜻이다. 현재진행형을 사용하면 주어가 현재 하고 있는 동작을 생동감 있게 표현할 수 있다. 예) Natalie is having a bath. 나탈리는 목욕을 하고 있다. 'be동사 과거형+동사ing'는 과거진행형으로 과거에 ~하고 있었다는 뜻.

기본 표현

A   Hello? Who's calling, please?
헬로우 후즈 콜링 플리즈?

안녕하세요? 누구시죠? (전화 표현)

B   This is Yuseon speaking.
디스 이즈 유선 스피킹

저는 유선입니다. (전화 표현)

A   Hi! What are you doing now?
하이 와라 유 두잉 나우?

안녕! 지금 뭐 하고 있어요?

B   I'm watching TV.   아임 워칭 티비
난 TV 보고 있어요.

A little boy is running very fast.
어 리를 보이 이즈 러닝 베리 패스트

어떤 꼬마가 아주 빨리 달리고 있다.

Who's calling~?

글자로는 '누가 전화를 걸고 있습니까?'인데 '누구신가요?'라는 뜻.

This is ~ speaking

저는 ~입니다. ~에 자기 이름을 말하면 된다. 전화 통화할 때 쓰는 표현.

진행형은 아무 동사나 가능한 것은 아니고, 쓰지 못하는 동사가 있다. 즉 have (가지다), like (좋아하다), love (사랑하다), know (알다), forget(잊다), believe(믿다) 등인데, 사랑하는 것은 잠시만 사랑했다가 말았다가 할 수 있는 것이 아니므로 진행형을 쓸 수 없는 것이다. 하지만 have는 '가지다'가 아니라 '먹다'라는 뜻으로 말할 때는 진행형이 가능하다.

꼭 외워야 할 단어

call [kɔ:l] 전화하다, 부르다

watch [watʃ] 관찰하다, 지켜보다

little [lítl] 작은

run [rʌn] 달리다

very [véri] 매우, 무척

fast [fæst] 빠른

A   Is Jane cleaning the bathroom?
이즈 제인 클리닝 더 배쓰룸?
제인은 욕실 청소 하고 있어요?

B   No, she's not cleaning.   노우 쉬즈 낫 클리닝
아니, 그녀는 청소중이 아니에요.

She's drinking coffee.   쉬즈 드링킹 커피
그녀는 커피를 마시고 있어요.

A   Where are you going?   웨어라유 고잉?
어디 가니?

B   I'm going to my office.   아임 고잉 투 마이 오피스
사무실에 가는 중이야.

A   What is Hyojin doing now?
와리즈 효진 두잉 나우?
효진이는 지금 뭐 하고 있지?

B   She is listening to music.
쉬 이즈 리스닝 투 뮤직
그녀는 음악을 듣고 있어.

A   What were you doing?
와뤄유 두잉?
뭐하고 있었니?

B   I was just staying at home.
아이 워즈 저스테잉 앳홈

그냥 집에 있었어.

A   Were you watching TV last night?
워 유 와칭 티비 래슷 나잇?

간밤에 티비 보고 있었냐?

B   I was drinking soju with my friend.
아이 워즈 주링킹 소주 윗 마이 프렌드

친구하고 소주 마시고 있었어.

영어 감각 키우는 문장 뜯어보기

Is Jane cleaning the bathroom?
현재진행형을 의문문으로 하고 싶으면, 이렇게 be동사를 주어 앞으로 이동
시키면 된다.

꼭 외워야 할 단어

clean [kliːn] 청소하다
bathroom [bǽθrùːm] 욕실
drink [driŋk] 마시다
coffee [kɔːfi] 커피
office [ɔ́ːfis] 사무실
listen to ~을 듣다

music [mjúːzik] 음악
just [dʒʌst] 그냥
stay [stei] 머물다, 체류하다
home [houm] 가정, 자기 집
last night 어젯밤

she's not cleaning.

현재진행형을 부정하려면 be동사 뒤에 **not**을 두면 된다.

She's drinking coffee.

She's는 She is 또는 She has의 줄임말인데 여기에선 물론 She is의 줄임말이다.

I'm going to my office.

여기에서 **to**는 방향(~로, ~를 향하여)을 뜻하는 전치사.

She is listening to music.

listen이라고 해도 '듣다'라는 뜻이지만 '음악 따위를 듣다'라고 할 때는 listen to라고 전치사 to가 붙는다.

I was just staying at home.

just stay는 "저스트 스테이"가 단축되어 "저스테이"가 된다. bus stop 은 "버스스탑"이 아니라 "버스탑"이라고 한다.

I was drinking soju~

drinking은 미국에선 약간 '주링킹'처럼 발음된다. trouble(말썽)은 추러블, trainer(훈련코치)는 추레이너

평가 문제

1 다음 영문을 해석하세요.

1 A little boy is running very fast.

_____

2 She is listening to music. _____

3 Were you watching TV last night?

_____

2 다음 문장을 완성시키세요.

1 This is Yuseon _____ 저는 유선입니다. (전화 표현)

2 I'm _____ TV. 나는 TV를 보고 있다.

3 She's _____ at home. 그녀는 집에 머물고 있어요.

4 I _____ my office. 나는 사무실에 가는 중이야.

3 다음을 영어로 바꿔봐요.

1 지금 뭐 하고 있니? _____

2 그녀는 커피를 마시고 있어요. _____

3 제인은 욕실을 청소하고 있어요. _____

1 어떤 꼬마가 아주 빨리 달리고 있다. / 그녀는 음악을 듣고 있어. / 간밤에 티비 보고 있었나? **2** speaking / watching / staying / 'm going to **3** What are you doing now? / She's drinking coffee. / Jane is cleaning the bathroom.

Day 30 미래를 만드는 조동사 will

과거형은 동사에 ed를 붙이지만 미래를 말할 때는 동사의 현재형은 그냥 두고 앞에 조동사 will을 붙인다. 이것이 가장 쉬운 방법이지만, shall이나 be going to, be about to 등으로 미래를 표현할 수도 있다.

기본 표현

Cinderella will be a good bride.

신더렐러 윌 비 어 굿 브라이드

신데렐라는 좋은 신부가 될 것이다.

I will go to Tokyo next year.

아이 윌 고우 루 토쿄 넥스트 이어

나는 내년에 도쿄에 갈 것이다.

A   **I can give you my life.**

아이 컨 기뷰 마이 라입

당신에게 제 목숨을 드릴 수도 있어요.

      Will you marry me?

월 유 매리 미?

저와 결혼해 주실래요?

B   **Yes, I will.**

예스 아이 윌

예, 그럴게요.

'〜가 될 것이다' '〜할 것이다'라는 미래의 표현에는 will이라는 조동사를 이용한다. 용법은 do와 비슷하지만 will은 주어의 인칭에 상관없이 will을 쓰면 된다.

Cinderella will be a good bride.

(신데렐라는 좋은 신부가 될 것이다.) 이 문장에서 be동사는 왜 be가 되었을까? 주어가 신데렐라라면 is가 되어야 하는 게 아닌가, 라고 생각하는 독자도 계실 것이다. 그 이유는 will이 앞에 있기 때문이다.

앞에서 배운 do, can, will과 같은 동사는 조동사(동사를 도와주는 보조적 동사)라고 한다. 조동사가 있으면 뒤에 나오는 정식동사(흔히 본동사라고 한다)는 원형이 오는 것이다. 즉, be동사의 기본형은 be이다.

참고로 be동사는 영어에 나오는 동사 중에서 가장 초보적이면서 가장 어려운 동사다. 왜냐하면 현재형만 해도 3가지가 있고 과거형은 2가지나 되고 원형이 따로 있는 복잡하기 짝이 없는 놈이기 때문이다. 다른 동사는 현재형과 원형이 같은 형태다.

꼭 외워야 할 단어

will [wəl, wil] ~될(할) 것이다
bride [braid] 신부
go to ~에 가다
Tokyo 도쿄

next year 내년
give [giv] 주다
life [laif] 생명, 인생
marry [mǽri] 결혼하다

A Will you send me the file by e-mail?

월 유 센드 미 더 파일 바이 이메일?

그 파일을 제게 이메일로 보내주실래요?

B No, I can't. 노우 아이 캔트

아뇨, 전 할 수 없어요.

I don't know how to send an e-mail.

아이 돈 노우 하우 투 센드 언 이메일

저는 이메일을 보내는 방법을 몰라요.

A Will she pass the test?

월 쉬 패스 더 테스트?

그녀가 시험에 합격할까?

B Maybe she'll pass. 메이비 쉴 패스

아마 합격할 거야.

A What are you going to do this weekend?

와라유 고잉 투 두 디스 위켄드?

이번 주말에 뭐 할 거니?

B I'm going to stay at the Paradise Hotel.

아임 고잉 투 스테이 엣 더 패러다이스 호우텔

나는 파라다이스호텔에서 묵을 예정이야.

A What will you do tomorrow?

왓 윌 유 두 터마로우? 내일 뭐 할 거예요?

B   Tomorrow I'll go out with Yumi.

투마로우 아일 고우아웃 윗 유미

내일 난 유미와 데이트할 거야.

I'm going to propose to my angel.

아임 고잉투 프러포우즈 투 마이 에인절

나의 천사에게 청혼을 할 거야.

A   Good luck to you!   굿 럭 투유

행운을 빌어요!

영어 감각 키우는 문장 뜯어보기

I don't know how to send an e-mail.

I don't know.는 '나는 모른다.'가 된다. 'how to ~'는 '~를 하는 법'
이라는 뜻이 된다.

be going to

will과 비슷한 말로서 계획된 일을 나타내는 미래 표현이다. be라는 것은

꼭 외워야 할 단어

send [send] 보내다
file [fail] 파일
e-mail [í:meil] 이메일
pass [pæs] 합격하다
test [test] 시험
maybe [méibi:] 아마도, 어쩌면
weekend [wí:kènd] 주말

stay [stei] 머물다
paradise [pǽrədàis] 낙원, 천국
go out with ~와 데이트하다
propose [prəpóuz] 제안하다, 청혼하다
angel [éindʒəl] 천사
luck [lʌk] 행운

am, are, is의 대표로서 적어놓은 것이다. 이처럼 미래를 나타낼 때 will 만 쓰는 것이 아니고 다른 표현이 많이 있다. will보다 be going to가 말이 기니까 회화에선 짧게 be gonna[고너]라고 말한다. 회화체 표현으로 팝송 가사에서도 심심치 않게 볼 수 있다.

예 I'm gonna make dinner. 저녁 준비를 할 거야.

be going to와 비슷한 표현 중에서 be about to가 있는데 이건 be going to보다 더 가까운 미래를 나타낸다. I'm about to go there. (나는 지금 막 거기 가려고 한다.)

I'll

I will을 축약한 꼴이며 '아일'이라고 읽는다. 다른 인칭은. You'll / He'll / They'll로 모두 모양이 같다.

I'm going to propose to my angel.

be going to 다음에는 반드시 동사원형이 온다. propose는 '어떤 일을 제안하다, 청혼하다'

Good luck to you!

행운을 빌어주는 좋은 표현이다. to you를 빼도 괜찮다. luck은 '행운'이고 lucky는 형용사로 '행운의, 운이 좋은'이 된다.

예 lucky boy 행운아

평가 문제

1 다음 영문을 해석하세요.

1 Cinderella will be a good bride.

_____

2 I'm going to stay at the Paradise Hotel.

_____

3 I don't know how to send an e-mail.

_____

2 다음 문장을 완성시키세요.

1 Maybe she _____   아마 그녀는 합격할 거야.

2 I _____ to my angel.   나의 천사에게 청혼을 할 거야.

3 I _____Tokyo next year.   나는 내년에 도쿄에 갈 것이다.

3 다음을 영어로 바꿔봐요.

1 저와 결혼해 주실래요? _____

2 그녀가 시험에 합격할까? _____

3 내일 뭐 할 거예요? _____

4 행운을 빈다! _____

Good luck to you!

you marry me? / Will she pass the test? / What will you do tomorrow? /
1 신데렐라는 좋은 신부가 될 것이다. / 나는 파라다이스호텔에서 묵을 예정이다. / 나는 이메일을
보내는 방법을 모른다. **2** will pass / 'm going to propose / will go to **3** Will

Which, Why, How 활용하기

영어에서 우선 알아둬야 할 의문사는 Who(누구), When(언제), Where(어디에), What(무엇), Which(어느 것), How(어떻게)로 6개가 있는데 해석을 할 때 우리말과 달라지는 경우도 적지 않다.

기본 표현

A **Which is your girlfriend in this photo?**

위치 이즈 유어 걸프렌드 인 디스 포로?

이 사진에서 네 여자친구가 누구야?

B **This is the girl.**

디스 이즈 더 걸

이쪽이 그 여자야.

A **Why are you so happy?**

와이 아 유 소우 해피?

넌 왜 그렇게 기분이 좋은 거니?

B **Because I'll marry a rich man.**

비코즈 아일 매리 어 리치 맨

왜냐하면 내가 돈 많은 남자랑 결혼하거든.

A **How do you know that?**

하우 두유 노우 댓?

네가 그거 어떻게 알아?

B   I heard that from my friend.

아이 허드 댓 프럼 마이 프렌드

내 친구한테 들었어.

영어 감각 키우는 문장 뜯어보기

which

'어느'라는 뜻으로 여러 개, 여러 선택 사항 중 하나를 질문할 때 쓰는 의문사이다.

This is the girl.

girl을 보통 '소녀'라고만 아는 분이 많은데 소녀보다 훨씬 나이 든 사람에게도 쓸 수 있다. 즉 여자, 숙녀라고 해도 괜찮은 경우가 많다.

why

'왜, 무엇 때문에'라는 뜻으로 이유를 묻는 의문사이다.

because

'왜냐하면'으로 이유를 설명할 때 단골로 나오는 접속사이다.

꼭 외워야 할 단어

photo [fóutou] 사진
because [bikɔ́:z, bikʌ́z] 왜냐하면
marry [mǽri] ~와 결혼하다
rich [ritʃ] 부유한, 부자의

know [nou] 알다
that [ðǽt] 그것, 그 얘기
heard [hə:rd] hear(듣다)의 과거형

how

'어떻게'로서 방법을 묻는 의문사이다.

A   **Which coffee brand do you like?**

위치 커피 브랜드 두 유 라익?

어떤 커피 브랜드를 좋아해요?

B   **I like Starbox.**

아일라익 스타박스

스타박스를 좋아해요.

A   **Which one is the best company?**

위치 원 이즈 더 베스트 컴퍼니?

어느 게 최고의 회사일까?

B   **I think Vitamin is the best.**

아이 씽크 바이터민 이즈 더 베스트

내 생각엔 비타민이 최고라고 봐.

A   **Why did you lie to me?**

와이 디쥬 라이 투 미?

왜 내게 거짓말을 했니?

B   **Oh! I'm very sorry.**

오우 아임 베리 쏘리

아, 정말 미안해요.

A   She will be my partner.
쉬 윌비 마이 파트너
그녀는 내 파트너가 될 거야.

B   Why do you think so?
와이 두유 씽 쏘우?
왜 그렇게 생각하는데?

A   How many friends do you have?
하우 매니 프렌즈 두유 해브?
당신은 친구가 몇 명 있어요?

B   I have two friends.
아이 해브 투 프렌즈
두 친구가 있어요.

A   How much is this watch?
하우 머취 이즈 디스 워치?
이 손목시계는 얼마죠?

B   It's 100,000 won.
잇스 원 헌드러드 싸우전드 원
10만원입니다.

Which coffee brand do you like?

which라는 의문사가 나온 의문문이다. do가 주어 앞에 온 것은 의문문이기 때문이다.

Which one is the best company?

Which one은 '어느 것'이란 뜻. the best company는 최고의 회사.

I think Vitamin is the best.

'나는 ~라고 생각해'라는 표현으로 꼭 기억해두자. I think 뒤에 온전한 형태의 문장이 온다.

lie to

'~에게 거짓말하다'가 된다. to 뒤에는 방향이나 동사의 대상이 온다.

think so

'그렇게 생각하다'. 그래서 I think so.(나는 그렇게 생각해) I don't think so.(나는 그렇게 생각하지 않아) 이 두 가지는 일상회화에서 자주 쓸 수 있다.

꼭 외워야 할 단어

coffee [kɔ́ːfi] 커피
brand [brǽnd] 브랜드, 상표
like [laik] 좋아하다
best [best] 최고의
company [kʌ́mpəni] 회사, 기업
think [θiŋk] 생각하다

lie [lai] 거짓말하다
partner [páːrtnər] 파트너, 동반자
so [souː, sə] 그렇게, 무척
many [méni] 많은(셀 수 있는 것)
much [mʌtʃ] 많은(셀 수 없는 것)
watch [watʃ] 손목시계

How many

뒤에는 셀 수 있는 명사, **How much** 뒤에는 셀 수 없는 명사가 옵니다.
friend는 친구니까 한 명, 두 명 셀 수가 있지요. 그런데 문제는 돈입니다.
돈은 셀 수 없는 명사입니다. 기억해 둡시다. 쌀이나 우유 같은 것도 셀 수
없는 명사입니다.

How   뒤에는 여러 가지 형용사가 올 수 있다.
How high is the tower?   그 탑은 높이가 얼마나 되나?
How big is the city?   그 도시는 크기가 얼마나 되나?

Humor comes from self-confidence.

유머는 자신감에서 나온다.   리타 브라운

When humor goes, there goes civilization.

유머가 사라지면 문명도 사라진다.   어마 봄베크

평가 문제

1 다음 영문을 해석하세요.

1 Because I'll marry a rich man.

_____

2 I think Vitamin is the best.

_____

3 Which coffee brand do you like?

_____

2 다음 문장을 완성시키세요.

1 How _____ friends do you _____?   당신은 친구가 몇 명 있어요?

2 _____ is the _____ company?   어느 게 최고의 회사일까?

3 _____ do you _____?   왜 그렇게 생각하는데?

4 _____ is this _____?   이 손목시계는 얼마죠?

3 다음을 영어로 바꿔봐요.

1 넌 왜 그렇게 기분이 좋은 거니? _____

2 네가 그거 어떻게 알아? _____

3 왜 내게 거짓말을 했니? _____

lie to me?
3 Why are you so happy? / How do you know that? / Why did you
watch   **2** many, have / Which one, best / Why, think so / How much,
는 걸 좋아해요?   **1** 왜냐하면 내가 돈 많은 남자랑 결혼하거든. / 내 생각에 비타민이 최고라고 봐. / 어떤 커피 브랜드

256 | 완전 초보 영어 첫걸음

Day 32 조동사 must, may (have to, can)

동사 앞에 놓이는 조동사를 이용하여 가능, 허락, 의무 등을 표현할 수 있다. 조동사가 앞에 오면 동사는 언제나 원형이 와야 한다. must나 may같은 조동사가 be동사 앞에 올 때, be동사는 am, are, is가 아니라 be가 된다.

기본 표현

You may leave work.
유 메이 리브 웍

너는 퇴근해도 괜찮아.

That may be true.
댓 메이 비 추루

그게 사실일 수도 있어.

I must go to Gangnam today.
아이 머스트 고우투 강남 투데이

난 오늘 강남에 가야 해.

She must be happy.
쉬 머스트 비 해피

그녀는 분명히 행복할 거야.

I'll have to wake up early tomorrow.
아일 햅투 웨이컵 얼리 투마로우

내일은 일찍 일어나야 해.

You may leave work.

You may~는 You can~과 비슷한 허락의 의미가 된다. leave는 '떠나다' work는 '업무, 작업, 학습' 즉 업무를 떠나는 것이니 퇴근이 된다.

That may be true.

회화에선 이 문장을 간단히 **may be**라고 표현할 수도 있다. '아마 사실일 거야.' 정도의 의미.

must

의무와 강한 추측의 의미를 갖는데, 의무로서는 너무 강압적인 표현이라 많이 쓰이지 않는다. 대신 **should**가 흔히 사용된다. **Must be.**라고 말하면 "분명히 그럴 거야."라는 뜻이 된다.

I'll have to wake up~

'뭔가 해야 한다'라는 문장에선 **have to**도 많이 사용된다. must는 조동사로서 과거형이 없지만 **have to**는 **had to**라고 과거형을 만들 수 있다.

꼭 외워야 할 단어

may [mei] ~해도 되다(허락), ~일지도 모른다(추측)

leave work 퇴근하다

true [truː] 진실, 사실

must [məst] ~해야 한다(의무), 틀림없이 ~일 것이다(강한 확신)

have to ~해야 한다

wake up 일어나다, 깨다

tomorrow [təmɔ́ːrou, təmárou] 내일

A   **May I eat this pizza?**
메아이 잇 디스 핏자?
이 피자 먹어도 돼요?

B   **Yes, You may.**
예스 유 메이
네, 괜찮아요.

She may be sick.
쉬 메이비 식
그녀는 아마도 아픈 것 같다.

I want to see Mr. Gatsby.
아이 원투씨 미스터 개츠비
개츠비 씨를 만나고 싶습니다.

A   **Can I have your name?**
캔아이 햅유어 네임?
성함을 여쭤봐도 될까요?

B   **My name is Won Bing.**
마이 네임이즈 원빙
내 이름은 원빙입니다.

The rumor can't be true.
더 루머 캔트비 츄루
그 소문은 사실일 리가 없다.

You must quit smoking.
유 머스트 큇 스모우킹

너는 담배를 끊어야 한다.

A big fish must swim in deep waters.
어 빅 피쉬 머스트 스윔 인 딥 워러즈

큰 물고기는 큰물에서 놀아야 한다. (속담)

She has to go home by 10 p.m.
쉬 해즈투 고우 홈 바이 텐 피엠

그녀는 밤 10시까지는 귀가해야 해.

You don't have to hurry up.
유 돈 햅투 허리업

서두르지 않아도 돼.

꼭 외워야 할 단어

eat [i:t] 먹다

pizza [pí:tsə] 피자

sick [sik] (몸이) 아픈, 컨디션이 안 좋은

want [want, wɔ:nt] 원하다

rumor [rú:mər] 소문

quit [kwit] 포기하다, 끊다

smoking [smóukiŋ] 흡연

swim [swim] 수영하다, 헤엄치다

deep [di:p] 깊은

waters [wɔ́:tə:rz] 바다, 파도

hurry [hə́:ri] 서두르다

May I~

[메이 아이]라고 읽지만, 영어 발음에서 [에이, 아이, 오우, 에어, 우어, 오이] 등 모든 이중모음은 앞글자를 강하게 발음하고 뒷글자는 약하게 발음한다. hotel[호우텔] take[테이크] 약하게 발음한다는 것이지 발음하지 않는 것은 아니다.

I want to see Mr. Gatsby.

I want to는 '~하고 싶다'라는 뜻이고, 뒤에는 동사 원형이 온다.

Can I have your name?

상대의 이름을 물어볼 때 **What's your name?** 이라고 해도 충분히 통하지만 좀 퉁명스러운 어투이다. 그래서 '성함을 여쭤 봐도 될까요?' 이렇게 정중하게 말하고 싶으면 **Can I**~라고 말한다.

The rumor can't be true.

can't be는 '~일 리가 없다'라는 뜻이다.

> 예 Beggars can't be choosers. 빌어먹는 사람이 선택자가 될 수는 없다.

~ quit smoking.

quit는 '그만두다'라는 뜻으로, I want to quit my job.은 '회사를 때려치우고 싶다'라는 뜻이다.

~in deep waters.

water는 물이라서 셀 수 없는 명사이지만 waters라고 쓰면 '바다, 큰 강'을 뜻하는 명사가 된다.

She has to go home by 10 p.m.

(그녀는 밤 10시까지는 귀가해야 해) 집에 돌아가다는 go home이고
go to home이라고 하면 틀린다. home이 부사적으로 사용되었기 때
문에 전치사 to를 쓸 수가 없다.

You don't have to hurry up.

(서두르지 않아도 돼) 의무의 반대말은 '~하지 않아도 돼, ~할 필요는 없
어'가 되는데 don't have to를 쓰면 된다. hurry는 '서두르다'인데 구어
로 명령형을 말할 때는 hurry up!(서둘러!)이라고 한다.

A person who won't read has no advantage over one who can't read.

읽으려 하지 않는 사람은 읽을 수 없는 사람보다 우위에 있지 않다.   마크 트웨인

The best way to cheer yourself up is to try to cheer somebody else up.

내 자신을 응원하는 최고의 방법은 남을 응원해주는 것이다.   마크 트웨인

평가 문제

1 다음 영문을 해석하세요.

1 I must go to Gangnam today.

_____

2 I'll have to wake up early tomorrow.

_____

3 A big fish must swim in deep waters.

_____

2 다음 문장을 완성시키세요.

1 She _____ home by 10 p.m. 그녀는 밤 10시까지는 귀가해야 해.

2 The rumor _____ true. 그 소문은 사실일 리가 없다.

3 You _____ hurry up. 서두르지 않아도 돼.

4 _____ I _____ your name? 성함을 여쭤봐도 될까요?

3 다음을 영어로 바꿔봐요.

1 너는 담배를 끊어야 한다. _____

2 그녀는 아마도 아픈 것 같다. _____

3 이 피자 먹어도 돼요? _____

1 난 오늘 강남에 가야 해. / 내일은 일찍 일어나야 해. / 큰 물고기는 깊은 곳에서 놀아야 한다. **2** has to go / can't be / don't have to / Can, have **3** You must quit smoking. / She may be sick. / May I eat this pizza?

Day 33 조동사 should, shall (would, had better)

should는 shall의 과거형이지만 현재의 의미로 사용될 경우가 많다. 의무, 당연한 일, 정중한 표현, 추측 등을 표현한다. would는 과거의 불규칙적인 습관을 나타내는 조동사로 영어 시험에도 자주 나온다.

기본 표현

A **Shall we dance?** 셸 위 댄스?

함께 춤추실래요?

B **Yes, let's.** 예스 렛츠

네, 그러죠.

Would you like some coffee? 우쥬 라익 섬 커피?

커피 좀 드릴까요?

You had better not tell a lie. 유 햇베러 낫 텔어 라이

거짓말은 안 하는 것이 좋을 거야.

Liars should have good memories.

라이어즈 슈드 햅 굿 메머리즈

거짓말쟁이는 좋은 기억력을 가져야 한다. (속담)

꼭 외워야 할 단어

shall [ʃəl, ʃæl] ~할까요?
dance [dæns] 춤추다
would [wəd, wúd] 공손한 권유 조동사
had better ~하는 게 좋다

tell a lie 거짓말하다
liar [láiər] 거짓말쟁이
should [ʃud] ~해야 한다, ~하는 게 좋다
memory [méməri] 기억력, 추억

Shall we dance?

상대의 의향을 물어보는 표현입니다. 요즘엔 댄스스포츠라고 불리는데 예전엔 사교댄스라고 하여 불건전한 만남의 대명사로 여겨졌지요. 하지만 이 댄스가 서양에선 중요한 문화입니다. 이성과 사귀고 싶을 때 우리는 '커피 한 잔 하실래요?'라고 꼬시는데, 서양에선 '저와 같이 추시겠습니까?'라고 말을 건넵니다. 90년대에 일본에서 만든 영화도 이 제목이었는데 크게 히트했지요.

Would you like some coffee?

글자로는 '커피 좀 좋아하겠어요?'인데 '커피 드시겠어요?'라는 뜻이다. 권유 표현으로 아주 많이 사용된다.

You had better not tell a lie.

had better는 두 단어지만 마치 한 단어처럼 조동사 역할을 한다. 원래는 부드러운 권유를 뜻했지만 요즘엔 협박의 뉘앙스가 있어서 말할 때 조심해야 한다. 충고할 때는 should가 무난할 듯.

Liars should have good~

should는 '~해야 한다'라는 의미가 있긴 하지만 must보다는 부드러운 표현이라 듣기에 거부감이 적다.

A　Shall I turn on the TV?

셸 아이 턴언 더 티비?

제가 TV를 켤까요?

B　Yes, please. 예스 플리즈 네, 그래 주세요.

You should be nice to your cousin.

유 슛비 나이스 투 유어 커즌

너는 사촌에게 잘 해줘야 해.

There should be another way.

데어 슛비 어나더 웨이

분명히 다른 방법이 있을 거야.

Visits should be short like a winter's day.

비지츠 슛비 숏 라이커 윈터스 데이

방문은 겨울낮처럼 짧아야 한다.(속담)

You'd better take an express train.

유드베러 테이컨 익스프레스 추레인

급행열차를 타시는 게 좋을 겁니다.

A　These days I always feel tired.

디즈 데이즈 아이 올웨이즈 필 타이어드

요즘엔 늘 피곤해요.

B　You better have a good rest.

유 베러 해버 굿 레스트

너 푹 쉬는 게 좋겠다.

Would you tell me your cell phone number?

우쥬 텔미 유어 셀펀 넘버?

휴대폰 번호 좀 알려주시겠습니까?

I would go fishing with a friend.

아이 웃 고우 피싱 위더 프렌드

예전엔 친구와 낚시하러 가기도 했어.

영어 감각 키우는 문장 뜯어보기

should

본래 shall의 과거형이고, would는 will의 과거형이지만, 과거의 의미가 없는 경우가 더 많다.

be nice to~

~에게 잘해주다, nice 대신에 good이나 kind를 써도 좋다.

꼭 외워야 할 단어

turn on 켜다
cousin [kʌzn] 사촌
another [ənʌðər] 또 하나의, 또 다른
way [wei] 길, 방법
visit [vízit] 방문, 구경
short [ʃɔːrt] 짧은
like [laik] ~처럼

express train 급행열차
these days 요즘
tired [taiərd] 피곤한
rest [rest] 휴식
would [wəd, wúd] ~하곤 했다
fishing [fíʃiŋ] 낚시

like a winter's day (겨울낮처럼).

낮은 겨울철에 가장 짧아지지요. '손님과 생선은 금방 냄새가 난다'라는 속담도 있습니다. 손님은 처음 왔을 땐 반갑지만 시간이 지나면 귀찮은 존재가 되니까 늦지 않게 떠나는 것이 바람직하다는 얘기. day는 '하루, 날, 낮' 여러가지 의미가 있다.

like

'좋아하다'라는 뜻도 있지만 전치사로서 '~처럼, ~같이'라는 뜻으로 쓰일 때도 많다.

예 Time flies like an arrow.(시간은 화살처럼 지나간다.) like a virgin(처녀처럼)

You better have a good rest.

had better는 회화에서 그냥 better라고 말하기도 한다. good rest 는 좋은 휴식이 아니라 '충분한 휴식'입니다.

Would you ~ cell phone number?

휴대폰은 mobile phone이나 cellular phone이라고 하는데 간단히 cell phone이라고 말하기도 한다.

I would go fishing with a friend.

would는 과거의 불규칙적인 습관을 표현한다. 불규칙적인 습관이니까 매주나 매월 정규적으로 낚시를 간 것이 아니라 어쩌다 생각나면 갔다는 얘기.

평가 문제

1 다음 영문을 해석하세요.

1 Would you tell me your cell phone number?

_____

2 Liars should have good memories.

_____

3 Visits should be short like a winter's day.

_____

2 다음 문장을 완성시키세요.

1 You _____ tell a lie.   거짓말은 안 하는 것이 좋을 거야.

2 I _____ fishing with a friend. 친구와 낚시하러 가기도 했어.

3 There _____another way.   분명히 다른 방법이 있을 거야

4 _____ we dance?   함께 추실래요?

3 다음을 영어로 바꿔봐요.

1 너 푹 쉬는 게 좋겠다. _____

2 제가 TV를 켤까요? _____

3 너는 사촌에게 잘 해줘야 해. _____

수동태

수동태 문장은 'be동사+과거분사+by'의 형식을 취한다. by 뒤에는 행위자가 오지만 굳이 언급할 필요가 없을 경우엔 생략된다. 수동이란 '당하다, 받다'라는 의미이고 '태'는 문장형태라는 뜻이다.

기본 표현

I love her. 아일러브 허
나는 그녀를 사랑한다.

She is loved by me. 쉬이즈 러브드 바이 미
그녀는 내게 사랑받는다.

I made a small box. 아이 메이드 어 스몰 박스
나는 작은 상자를 만들었다.

A small box was made by me.
어 스몰 박스 워즈 메이드 바이 미
작은 상자가 나에 의해 만들어졌다.

A   Did you hear the news?
     디쥬 히어 더 뉴스?
     그 소식 들었니?

B   Yes, I was surprised at the news.
     예스 아이 워즈 서프라이즈드 앳더 뉴스
     응, 그 소식 듣고 놀랐어.

'나는 그녀를 사랑한다.'를 '그녀는 내게 사랑받는다.'라고 말해도 다른 의미
는 아니다. '사랑한다'는 능동형 문장이고 '사랑받는다'는 수동형 문장이다.
수동형 문장을 만드는 방법은 'be동사+과거완료'가 핵심인데 다음 페이지
에서 자세히 설명하게 된다.

I was surprised at~

과거분사 뒤에 전치사가 **by**만 오는 것이 아니라 이렇게 **at**이 오는 경우도
있다. 일반적으로는 **by**가 온다.

아직 수동태가 뭔지 이해가 쉽지 않은 분도 계실 것이다. 하지만 몇 번 읽
다보면 이해가 되니까 걱정은 하지 않으셔도 된다.

 꼭 외워야 할 단어

by [bai] ~에 의해
made [meid] make(만들다)의 과거형
box [baks] 상자
hear [hiər] 듣다

surprised [sərpráizd] surprise(놀라
게 하다)의 과거분사
news [njuːz] 뉴스, 소식

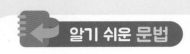

▪ 수동태(受動態) 이해하기

수동태는 영어에서 중요합니다. 우리말에는 없는 형태라서 조금 생소하지만 알고 나면 별거 아닙니다. 수동이란 '당하다, 받다'라는 의미이고 '태'는 문장형태라는 뜻입니다.

능동태	I love her.	나는 그녀를 사랑한다.
수동태	She is loved by me.	그녀는 나에 의해 사랑받는다.

위에 나온 두 문장은 같은 의미입니다. 단지 표현만 다르게 한 것입니다.

I love her. (나는 그녀를 사랑한다.) 내가 그녀를 능동적으로 사랑하니까 이 문장은 능동태라고 합니다. 이것을 수동태로 바꾸면, '그녀는 나에 의해 사랑받습니다.' 그녀가 사랑하는 것이 아니라 수동적으로 사랑을 당하니까 수동태라고 합니다. 그래서,

능동태   I   love   her.
             주어   목적어

수동태   She   is   loved   by   me.
      능동태의 목적어   be+p.p.   by+목적격

▪ 수동태를 만드는 공식

① 능동태의 목적어를 수동태의 주어로 한다.
② 능동태의 동사를 'be+과거분사(p.p.)'로 바꾼다.
③ 능동태의 주어를 'by+목적격'으로 바꾼다.
* 행위자가 일반인이거나 분명하지 않은 경우는 'by+행위자'를 생략한다.

* 목적어란 문장에서 행위(동사)의 대상이 되는 것을 말합니다. 앞에서 나온 문장을 예로 들면, 사랑한다는 행위의 대상은 그녀입니다(I love her.). 만드는 행위의 대상은 작은 상자입니다(I made a small box.). 듣는 행위의 대상은 뉴스입니다(…hear the news).

▪ 과거분사는 무엇인가?

이름에서 알 수 있듯 과거형과 비슷한 것인데, 형용사의 의미를 갖고 형용사로서 역할을 하는 것이다. 일반 규칙동사의 경우는 과거형과 모양이 동일하다.

예 현재 open (열다) – 과거 opened (열었다) – 과거분사 opened (열린)

불규칙 동사의 경우는 과거형과 같은 형태도 있고 다른 형태도 있다. 그래서 불규칙이란 말이 붙었다. 영한사전의 맨 뒤를 보면 다음과 같은 불규칙 동사 표가 있다. 그 전부를 외울 필요는 없지만 자주 나오는 중요한 동사는 알아둬야 한다.

현재	과거	과거분사
fall 떨어지다	fell 떨어졌다	fallen 떨어진
find 발견하다	found 발견했다	found 발견된
go 가다	went 갔다	gone 가버린, 사라진
have 가지다	had 가졌다	had 가진
am, are, is 이다, 있다	was, were 이었다, 있었다	been 이었던
bring 가져오다	brought 가져왔다	brought 가져온
give 주다	gave 주었다	given 주어진
know 알다	knew 알았다	known 알려진
meet 만나다	met 만났다	met 만난

My sister cleaned the room.
마이 시스터 클린드 더 룸

내 여동생이 그 방을 청소했다.

The room was cleaned by my sister.
더 룸 워즈 클린드 바이 마이 시스터

그 방은 내 여동생에 의해 청소되었다.

Edison invented the light bulb.
에디슨 인벤티드 더 라잇 벌브

에디슨은 전구를 발명했다.

The light bulb was invented by Edison.
더 라잇벌브 워즈 인벤티드 바이 에디슨

전구는 에디슨에 의해 발명되었다.

A How old were you in this photo?
하우 올드 워 유 인 디스 포토우?

이 사진에서 너는 몇 살이었니?

B This photo was taken when I was 10.
디스 포토우 워즈 테이큰 웬 아이 워즈 텐

이 사진은 내가 열 살 때 찍힌 거야.

A My cell phone number was changed.
마이 셀 폰 넘버 워즈 체인쥐드

내 휴대폰 번호가 바뀌었어.

B　Really? Then tell me the number.
리얼리 덴 텔 미 더 넘버

그래? 그럼 번호를 말해줘.

Our company was established in 1980.
아워 컴퍼니 워즈 이스테블리시드 인 나인틴 에이티

우리 회사는 1980년에 설립되었다.

<The old man and the sea> was written by
Hemingway.　디 올드먼 앤더 씨 워즈 리튼 바이 헤밍웨이

〈노인과 바다〉는 헤밍웨이에 의해 쓰여졌다.

영어 감각 키우는 문장 뜯어보기

My sister cleaned the room.
청소한 대상은 방이므로 the room이 목적어이다.

Edison invented the light bulb.
발명된 대상은 전구이므로 the light bulb가 목적어이다.

꼭 외워야 할 단어

clean [kliːn] 청소하다, 깨끗이 하다
Edison 에디슨, 미국의 발명왕
invent [invént] 발명하다
light bulb 전구
take a photo 사진을 찍다

change [tʃeindʒ] 달라지다, 바뀌다
really [ríːəli] 정말로
establish [istǽbliʃ] 세우다, 설립하다
written [rítn] write(쓰다)의 과거분사
Hemingway 헤밍웨이, 미국의 소설가

How old were you in this photo?
지금 나이를 물을 때는 'How old are you?', 그런데 How old were you…니까 과거의 나이를 묻는 것이다.

This photo was taken when I was 10.
when은 때를 묻는 의문사지만 여기선 의문사가 아니라 접속사로서 '~ 할 때'라는 뜻이다. when I was young(내가 젊었을 때)

Really? Then tell me the number.
(그래? 그럼 번호를 말해줘.) really는 '정말로, 진실로'라는 부사지만 여기선 대화중에 그냥 조금 놀라는 맞장구에 해당된다.

Our company was established in 1980.
(우리 회사는 1980년에 설립되었다.) 설립한 사람은 사장일 테니까 행위자는 생략되었다.

<The old man and the sea> was written by Hemingway.
write는 '글이나 작품을 쓰다'라는 동사이다. write-wrote-written으로 변화한다.

평가 문제

1 다음 영문을 해석하세요.

1 A small box was made by me.

_____

2 The light bulb was invented by Edison.

_____

3 This photo was taken when I was 10.

_____

2 다음 문장을 완성시키세요.

1 I was _____ the news.   그 소식 듣고 놀랐어.

2 My cell phone number_____   내 휴대폰 번호가 바뀌었어.

3 Our company _____ in 1980.

우리 회사는 1980년에 설립되었다.

3 다음을 영어로 바꿔봐요.

1 이 편지는 그녀에 의해 쓰여졌다. _____

2 자동차는 그녀에 의해 청소되었다. _____

3 저 문은 그에 의해 열렸다. _____

4 그녀는 나에게 사랑받는다. _____

---

1 작은 상자가 나에 의해 만들어졌다. / 전구는 에디슨에 의해 발명되었다. / 이 사진은 내가 열 살 때 찍힌 거야. **2** surprised at / was changed / was established **3** This letter was written by her. / The car was cleaned by her. / That door was opened by him. / She is loved by me.

Day 35 비교급과 최상급

두 가지 사물이나 사람을 설명할 때는 비교해서 말하는 경우가 많다. 'A보다 B 가 더 예쁘다'라고 둘을 비교하는 것을 비교급이라 한다. 그리고 여러 사물 중에서 '가장(최고로) ~하다'라고 표현하는 것을 최상급이라고 한다.

기본 표현

Busan is bigger than Daegu.
부산 이즈 비거 댄 대구
부산은 대구보다 크다.

John is taller than I.
존 이즈 톨러 댄 아이
존은 나보다 키가 더 크다.

Jadu is the prettiest girl in our village.
자두 이즈 더 프리티스트 걸 인 아워 빌리지
자두는 우리 마을에서 제일 예쁜 아가씨다.

Jane is the best friend of all.
제인 이즈 더 베스트 프렌드 어브 올
제인은 모든 애들 중에 최고의 친구야.

The longest night must end.
더 롱기스트 나잇 머스트 엔드
가장 긴 밤도 끝나는 법이다. (속담)

Busan is bigger than Daegu.
비교급은 비교대상이 필요하므로 '〜보다'에 해당하는 접속사 than
이 온다.

Jadu is the prettiest girl in our village.
'〜중에서 최고'를 나타낼 때는 전치사 in이나 of를 쓴다.

The longest night must end.
must는 강한 추측이다. 즉 '반드시 〜일 것이다'라는 의미.

 알기 쉬운 문법

▪ 비교급, 최상급 만들기

1. 규칙형 형용사
① 원급(보통 형용사 형태) 형용사에 **-er**(비교급), **-est**(최상급)를 붙인다.
old(오래된) **older**(더 오래된) **oldest**(가장 오래된)

② 형용사 단어가 ~e로 끝나면 **-r**, **-st**만 붙인다.
wise(현명한) **wiser**(더 현명한) **wisest**(가장 현명한)

꼭 외워야 할 단어

bigger [bigər] 더 큰
taller [tɔːlər] 더 높은
prettiest [prítist] 가장 예쁜

village [vílidʒ] 마을, 동네
longest [lɔːŋgist] 가장 긴
end [end] 끝나다

③ 자음+y로 끝나는 단어는 y를 i로 바꾸고 er, est를 붙인다.
happy(행복한) happier(더 행복한) happiest(제일 행복한)

④ [단모음+자음]으로 끝나는 단어는 자음을 한 번 더 쓰고 er, est를 붙인다.
hot(뜨거운) hotter(더 뜨거운) hottest(제일 뜨거운)

⑤ 3음절 이상 되는 긴 단어나 2음절이라도 -ful, -able, -ous, -ive, -less 등으로 끝나는 단어 앞에 more, most를 사용한다.
beautiful(아름다운) more beautiful(더 아름다운) most beautiful(가장 아름다운)
important(중요한) more important(더 중요한) most important(가장 중요한)

2. 불규칙 형용사

원급	비교급	최상급
good 좋은 well 잘	better 더 좋은 (더 잘)	best 최고의
bad 나쁜	worse 더 나쁜	worst 최악의
many, much 많은	more 더 많은	most 최대의
little 적은	less 더 적은	least 최소의
far 먼	farther 더 먼	farthest 제일 먼

late	later	latest
늦은	더 늦은	가장 늦은, 최신의

What is worse than lying? 거짓말보다 더 나쁜 것은 무엇인가?
This is the latest product. 이것이 최신 제품입니다.

실전 회화

A **How much do you love me?**
하우 머취 두유 럽미?
나를 얼마나 사랑해?

B **I love you more than I can say.**
아일럽 유 모어 댄 아이컨 세이
말도 못하게 사랑하지.

I want to see you as soon as possible.
아이 원투 씨유 애즈순애즈 파써블
가능하면 빨리 너를 보고 싶어.

A **Which do you like better, summer or winter?**
위치 두유 라익 베러 써머 오어 윈터?
여름과 겨울 중 어느 쪽을 더 좋아해요?

B **I like summer better.**
아일라익 써머 베러
나는 여름을 더 좋아해요.

My car is as expensive as that one.

마이 카 이즈 애즈 익스펜십 애즈 댓 원

내 차는 저 차만큼 비싸다.

Our health is the most important thing.

아워 헬스 이즈 더 모스트 임포턴 씽

우리의 건강은 가장 중요한 것입니다.

A   Who is the sexiest girl here?

후 이즈 더 섹시스트 걸 히어?

여기에서 누가 제일 섹시한가요?

B   Cathy is the sexiest of us all.

캐씨 이즈 더 섹시스트 어브 어스 올

캐씨가 우리 중에서 제일 섹시해요.

A   What is the largest country in the world?

와 리즈 더 라지스트 컨추리 인 더 월드?

세계에서 제일 큰 나라는 어디죠?

B   It's Russia.

잇스 러셔

러시아입니다.

How much do you love me?
사랑의 크기는 셀 수 없으니까 How much〜라고 질문함.
나를 얼마나 사랑해?

I love you more than I can say.
말로 할 수 있는 것보다 더 많이 사랑한다는 표현.

My car is as expensive as that one.
(내 차는 저 차만큼 비싸다.) 비교급+than을 쓰지 않고도 비교급을 만드는
표현이다. 즉, 'as+형용사+as+A'인데 이것은 '〜보다 더 우월하다'는
표현이 아니라 'A만큼 〜하다'라는 뜻이다.

… as soon as possible
이것은 '가능하면 빨리'라는 뜻으로 널리 사용된다. 특히 옛날부터 편지글에
자주 등장하고 요즘에도 채팅에서 사용되는데 짧게 asap라고 표현한다.

꼭 외워야 할 단어

how much 얼마나
as [əz, ǽz] ~만큼
soon [suːn] 이르게, 빨리
possible [pásəbl] 가능한
expensive [ikspénsiv] 비싼, 고가의
health [helθ] 건강
important [impɔ́ːrtənt] 중요한

thing [θiŋ] 것, 사항, 물건
sexiest [séksist] 가장 섹시한
largest [lɑːrdʒist] 가장 큰
country [kʌ́ntri] 나라, 국가
world [wəːrld] 세상, 세계
Russia [rʌ́ʃə] 러시아

the most important thing.
'가장 중요한 것'이란 뜻으로 연설 따위에서 강조 용법으로 사용된다.

What is the largest country in the world?
(세계에서 제일 큰 나라는 어디죠?)

초보자의 경우 What을 써야 할지 Which를 써야 할지 어려운데, 선택의 폭이 작으면 Which이고 크면 What이라고 알아두자. 세계엔 200여 국가가 있으니까 What이 된다.

Laughter is the closest distance between two people.

웃음이란 두 사람 사이의 가장 가까운 거리다.   빅터 보르게

The secret of getting ahead is getting started.

앞서가는 비결은 시작하는 것이다.   마크 트웨인

평가 문제

1 다음 영문을 해석하세요.

1 I want to see you as soon as possible.

_____

2 Our health is the most important thing.

_____

3 What is the largest country in the world?

_____

2 다음 문장을 완성시키세요.

1 Jadu is _____ girl in our village.

자두는 우리 마을에서 제일 예쁜 아가씨다.

2 I love you _____ I_____ say. 말도 못하게 사랑하지.

3 I like summer _____. 나는 여름을 더 좋아해요.

4 What is _____ lying? 거짓말보다 더 나쁜 것은 무엇인가?

3 다음을 영어로 바꿔봐요.

1 자두는 나보다 예쁘다. _____

2 내 차는 네 차보다 비싸다. _____

3 러시아는 세계에서 가장 큰 나라다.

_____

largest country in the world.

3 Jadu / worse than / better / more than, can / the prettiest **2** 는 어느것요? / Russia is the
is prettier than I. / My car is more expensive than your car.

1 가능한 빨리 너를 보고 싶어. / 우리의 건강은 가장 중요한 것입니다. / 세계에서 제일 큰 나라

THE YOUNG ONES

★ 왕년의 인기가수 클리프 리차드(Cliff Richard) 씨의 The young ones라는 노래를 배워봅시다.

The young ones,
더 영 원즈

젊은 청춘들 말야

Darling we're the young ones and
달링 위어 더 영 원즈 앤

자기 있잖아. 우리는 젊은 청춘이잖아, 그리고

The young ones shouldn't be afraid to live and love
더 영 원즈 슈든비 어프레잇 투 립 앤 럽

청춘이라면 살아가고 사랑하는데 두려워하면 안 되는 거야.

While the flame is strong
와일 더 플레임 이즈 스트롱

불꽃이 강하게 타오르는 동안

Cause we may not be the young ones very long
코즈 위 메이낫 비더 영 원즈 베리 롱

왜냐하면 청춘은 아주 길지 않을 수도 있으니까...

Tomorrow, why wait until tomorrow
투머로우 와이 웨잇 언틸 투머로우

내일 말야, 왜 내일까지 기다리는 거야?

Cause tomorrow sometimes never comes
코즈 투머로우 섬타임즈 네버 컴즈

내일은 절대로 찾아오지 않을 수도 있다구.

So love me there's song to be sung
소우 럽 미 데어즈 송 투비 성

그니까 불러져야 할 노래가 있으니, 나를 사랑해줘.

And best time is to sing it while we're young
앤 베슷 타임 투 씽잇 와일 위어 영

글구 그 노래를 부를 최고의 시기는 우리가 젊은 동안이야.

Once in every life time comes a love like this
원스 인 에브리 라입 타임 컴즈 어럽 라익 디스

평생에 한 번은 이렇게 사랑이 찾아와요.

Oh, I need you, you need me
오우 아이 니쥬 유 닛미

오, 난 당신이 필요하고 당신은 내가 필요하지.

Oh, my darling, can't you see
오우 마이 달링 캔츄 씨

오 내 사랑, 그거 모르는 거야?

The young dreams should be dreams together
더 영 드림즈 슛비 드림즈 투게더

청춘의 꿈은 함께 하는 꿈이 되어야 해.

And the young hearts shouldn't be afraid
앤 더 영 하츠 슈든비 어프레잇

그리고 젊은 마음은 두려워하면 안 돼.

And some day when the years have flown

앤 섬데이 웬 더 이어즈 햅 플로운

그리고 먼 훗날 긴 세월이 흘렀을 때

Darling, then we'll teach the young ones of our own

달링 덴 윌 티치 더 영 원즈 업 아워 오운

자기야, 그때 우리는 젊은 애들을 가르치게 될 거야.

★가사 해설

The young ones,

: 여기의 ones는 persons 또는 people이라고 생각하면 된다.

Darling we're the young ones and

: Darling은 애인을 부르는 말이다.

the young ones shouldn't be afraid to live and love

: to live는 살아가는 것. love앞에는 to가 생략됨. 그래서 to 이하를 두려워하면 안 된다.

While the flame is strong

: While은 ~하는 동안. while을 when과 비슷하다고 생각하자. flame은 '젊음의 불꽃'

Cause we may not be the young ones very long

: cause는 because를 간략화한 것. 우리가 아주 오랜 동안 젊은이가 아닐 수도 있으니까(누구나 늙으니까)

Tomorrow, why wait until tomorrow

: wait(기다리다)를 '미루다'라고 생각하면 이해가 쉽다.

Cause tomorrow sometimes never comes

: 때로는 내일이 찾아오지 않을 수도 있으니까.

So love me

: 그니까 날 사랑해줘.

there's song to be sung
: to be sung은 '불러져야 하는'으로 song을 수식한다.

And best time is to sing it while we're young
: 글구 그 노래를 부를 최고의 시기는 우리가 젊은 동안이야.

Once in every life time
: 이 노래의 클라이맥스입니다. once는 '한 번쯤은'. 여기에서 time은 없어도 되는데 노래 가사엔 종종 등장합니다. 팝송가사를 보면 winter나 summer에도 time이 붙기도 해요.

comes a love like this
: comes a love → 국어 시간에 많이 배운 도치법입니다. a love가 주어고 comes가 동사입니다. like this는 '이런 식으로'

Oh, I need you, you need me
: 팝송에 자주 등장하는 가사입니다. I need you.

Oh, my darling, can't you see?
: can't you see? 는 바로 윗줄 문장 내용을 모르냐고 묻습니다. 진짜 모른다고 생각하는 게 아니라 '너도 알잖아?' 정도의 뉘앙스.

The young dreams should be dreams together
And the young hearts shouldn't be afraid
: be+형용사는 명령형인데, 앞에 shouldn't가 오면 '~되면 안 돼'라는 뜻.

And some day when the years have flown
: some day는 미래의 어느 날을 의미하죠. flown은 fly의 과거분사로 '날아간, (세월이)지나간'이란 뜻입니다.

Darling, then we'll teach the young ones of our own
: 이 노래를 처음 불렀을 때 클리프 리차드가 스물 하나였는데 이제 70이 훨씬 넘었으니 가사대로 되었네요.

유용한 영어 속담
Useful English Proverbs

영어가 서툴더라도 대화에서 적절한 타이밍에 영어 속담을 하나 말한다면 듣는 이에게 깊은 인상을 심어줄 수 있습니다. 속담이란 인류가 수 천 년의 경험을 토대로 지어진 말이기 때문에 언제나 교훈을 주고 인생의 공부가 됩니다.

1. **A bird in the hand is worth two in the bush.**
   손안의 새 한 마리는 숲 속의 두 마리 가치가 있다.

   worth ～의 가치가 있는　　　bush 숲

2. **A man is known by the company he keeps.**
   사람은 그가 사귀는 친구를 보면 알 수 있다.

   be known by～ ～로 알려지다　company 친구, 동아리, 회사
   예) keep good company 좋은 친구와 어울리다

3. **All's well that ends well.**
   끝이 좋으면 만사가 좋다.

   end 끝나다, 결국 ～이 되다　well 좋은, 만족스러운; 좋게, 잘

4. **All that glitters is not gold.**
   반짝이는 모든 것이 금은 아니다.

   glitter 빛나다, 반짝이다

5. **An apple a day keeps the doctor away.**
   하루 한 개의 사과는 의사를 멀리 한다.

   keep A away A를 멀리 하게 하다

6. As rust eats iron, so care eats the heart.
녹이 쇠를 좀먹듯이 근심은 사람을 병들게 한다.

rust 녹, 부식　　　iron 쇠, 금속　　　care 걱정, 주의, 관심

7. Bad luck often brings good luck.
전화위복. 때로는 화가 오히려 복을 가져다준다.

luck 운수, 행운　　　bring 가져오다

8. Barking dogs seldom bite.
짖는 개는 물지 않는다.

bark 짖다, 고함치다　seldom 거의 ~하지 않다　bite 물다

9. Better bend than break.
부러지는 것보다 구부러지는 것이 낫다.

bend 구부러지다　　break 부러지다

10. Better late than never.
늦어도 안 하느니 보다 낫다.

better 더 좋은　　than ~보다　　never 전혀 ~하지 않다

11. Birds of a feather flock together.
같은 깃털을 가진 새는 함께 모인다.

feather 깃털　　　flock 모이다, 떼 지어 모이다

12. Constant dripping of water wears away stones.
낙수가 댓돌을 뚫는다.

constant 계속적인, 변치 않는　drip 떨어지다
wear away 닳게 하다

13. Discretion is the better part of valor.
신중은 용기에서 더 좋은 부분.

discretion 신중함   valor 용기

14. Do not cast your pearls before swine.
돼지 앞에 진주를 던지지 마라.

cast 던지다 pearl 진주 swine 돼지

15. Do in Rome as the Romans do.
로마에서는 로마인이 하는 대로 하라.

as ~처럼 Rome 로마 Roman 로마인

16. Do not halloa till you are out of the wood.
숲을 벗어날 때까지는 환호하지 말라.

halloa 환호를 외치다 wood 숲

17. Easy come, easy go.
쉽게 얻는 것은 쉽게 잃는다.

easy 쉬운, 간단한

18. Every fish that escapes appears greater than it is.
놓친 고기가 더 커 보인다.

escape 탈출하다, 도망가다
appear 보이다, 나타나다, ~로 생각되다

19. Experience is the best teacher.
경험이 최고의 스승이다.

experience 경험   best 가장 좋은, 최고의

20. Fine clothes makes the man.
좋은 옷이 사람을 만든다.

clothes 의복, 옷   make 만들다

21. God gives all things to industry.
하늘은 부지런한 자에게 모든 것을 준다.

industry 산업, 근면

22. God helps them who help themselves.
하늘은 스스로 돕는 자를 돕는다.

help 돕다   themselves 그들 자신

23. Great talents mature late.
크게 될 사람은 늦게 이루어진다.

talent 재능   mature 성숙하다, 완성되다

24. Honesty is the best policy.
정직이 최상의 정책이다.

honesty 정직, 솔직   policy 방책, 정책

25. If Jack's in love, he's no judge of Jill's beauty.
Jack이 사랑에 빠졌다면 그는 Jill의 미모를 제대로 판단하지 못한다.

Jake 잭. 남자이름   Jill 질. 여자이름   judge 판사, 심판
beauty 미모, 아름다움

26. Life is full of ups and downs.
인생은 오르막과 내리막으로 가득하다.

life 삶, 인생   ups and downs 오르내림, 흥망, 변동

27. Make hay while the sun shines.
햇빛이 비칠 때 건초를 만들어라.

hay 건초　　　　shine 비치다, 빛나다

28. Never put off until tomorrow what you can do today.
오늘 할 수 있는 일을 내일까지 미루지 마라.

put off 연기하다, 미루다　tomorrow 내일　today 오늘

29. Once a flirt always a flirt.
바람둥이는 고쳐지지 않는다.

once 한 번, 일단　　flirt 바람난 사람, 불장난하는 사람
always 언제나

30. One good turn deserves another.
친절은 친절을 낳는다.

turn 행위, 회전, 차례　deserve 받을 가치가 있다. ~할 가치가 있다

31. Opportunity seldom knocks twice.
기회는 두 번 문을 두드리지 않는다.

opportunity 기회　knock (문을) 두드리다　twice 두 번

32. Out of debt, out of danger.
빚이 없어야 마음이 편하다.

out of ~을 벗어나, 밖으로　debt 빚, 부채　danger 위험

33. Out of sight, out of mind.
눈에서 보이지 않으면 마음에서도 사라진다.

sight 모습　mind 마음

34. Patience is a virtue.
인내는 미덕이다.

patience 인내, 참을성   virtue 미덕

35. Pride goes before a fall.
몰락 전엔 자만이 찾아온다.

pride 자존심, 자만   fall 몰락, 추락

36. Practice makes perfect.
연습이 완성을 낳는다.

practice 연습, 훈련   perfect 완벽, 완성

37. Promise little, do much.
약속은 적게 하고 실천은 많이 하라.

promise 약속하다   do 실행하다

38. Rome was not built in a day.
로마는 하루에 이루어진 것이 아니다.

Rome (고대의) 로마제국, (이탈리아 수도) 로마   built 지어진

39. Some people cannot see the woods for the trees.
어떤 사람은 나무 때문에 숲을 보지 못한다.

woods 숲   tree 나무

40. The bad workman always blames his tools.
일 못하는 일꾼이 연장 탓한다.

workman 일꾼   blame 탓하다, 나무라다   tool 도구, 연장

41. The beaten road is the safest.
밟아 다져진 길이 가장 안전하다. (한 번 가본 길이 제일 안전하다.)

beaten 두들겨 맞은, 밟아 다져진

42. The best fish smell when they are three days old.
귀한 손님도 사흘이면 귀찮다.

fish 물고기   smell 냄새나다

43. The final success will be made after repeated attempts.
열 번 찍어 안 넘어가는 나무 없다.

final 마지막의, 최종적인   success 성공
repeated 반복된   attempt 시도, 노력

44. The darkest hour is that before the dawn.
가장 어두운 시간은 해뜨기 전이다.

darkest 가장 어두운   dawn 새벽

45. The end justifies the means.
목적은 수단을 정당화한다.

end 목적   justify 정당화하다   mean 수단

46. The history is always written by the winning side.
역사는 항상 승자의 편에서 쓰여진다.

history 역사   written 쓰여진   win 이기다

47. The worse luck now, the better another time.
지금 운이 나쁘면, 다음엔 좋다.

luck 운   another time 다음 번

48. Today comes only once and never again returns.
오늘은 한 번만 오고 다시는 돌아오지 않는다.

return 돌아오다, 회귀하다

49. Truth needs not many words.
진실은 많은 말을 필요로 하지 않는다.

truth 진실   need 필요하다

50. Well begun is half done.
시작이 반이다.

begun 시작된   half 절반

51. Whatever is worth doing at all is worth doing well.
약간이라도 할 가치가 있는 일은 잘 할 가치가 있다.

whatever   무엇이라도

52. Where there's a will, there's a way.
뜻이 있는 곳에 길이 있다.

will 뜻, 의지   way 길, 방법

53. While there is life, there is hope.
생명이 있는 동안 희망은 있다.

life 목숨, 생명   hope 희망

54. Who holds the purse rules the house.
돈을 쥔 자가 집을 지배한다.

purse 지갑, 돈   rule 지배하다

55. Will can conquer habit.
의지는 습관을 극복한다.

conquer 정복하다, 극복하다　　　habit 습관, 버릇

56. You can take a horse to the water, but you cannot make him drink.
말을 물 있는 곳에 데려갈 순 있어도 강제로 먹일 수는 없다.

take 데려가다　　horse 말

57. You can't teach an old dog new tricks.
늙은 개에게 새로운 기술을 가르칠 수는 없다.

teach 가르치다　　trick 기술, 장난

58. You don't know what you've got until you've lost it.
너는 어떤 것을 잃어버리기 전엔 무엇을 잃었는지 알 수 없다.

lost 잃어버린, lose(잃다)의 과거분사

59. You have to walk the talk.
말을 행동으로 옮겨라.

have to ~해야 한다

60. You never miss the water till the well runs dry.
우물이 마르기 전에는 물의 소중함을 결코 모른다.

miss 아쉬워하다　　well 우물, 샘　　dry 메마른

영미인의 이름

영미인의 이름은 긴 것이 많습니다. 엘리자베스나 크리스티나처럼 긴 이름은 다 부르기 힘듭니다. 그래서 친한 사이에는 짧게 부르는 애칭이 발달하게 되었습니다. 이것을 모르면 미드를 볼 때 마가렛(Margaret)을 왜 매기(Maggie)라고 부르는 지 이해할 수가 없을 겁니다.

여자 애칭

Amanda 아만다 ➡ **Mandy** 맨디

Anna 애나 ➡ **Ann** 앤, **Annie** 애니

Anne 앤 ➡ **Nan** 낸, **Nancy** 낸시

Barbara 바버라 ➡ **Bab** 밥, **Bobbie** 바비

Caroline 캐롤라인 ➡ **Carol** 캐럴, **Carrie** 캐리

Catherine 캐서린 ➡ **Cathy** 캐시

Christina 크리스티나 ➡ **Chris** 크리스

Cynthia 신시아 ➡ **Cindy** 신디

Deborah 데보라 ➡ **Debbie** 데비

Dorothy 도로시 ➡ **Dora** 도라

Eleanor 엘리노어 ➡ **Ellie** 엘리, **Ellen** 엘렌

Elizabeth 엘리자베스 ➡ **Eliza** 엘리자, **Liz** 리즈, **Betty** 베티

Helen 헬렌 ➡ **Nellie** 넬리, **Nel** 넬

Jacqueline 재클린 ➡ **Jackie** 재키

Jane 제인 ➡ **Jenny** 제니

Janet 재닛 ➡ **Jan** 잰

Jennifer 제니퍼 ➡ **Jenny** 제니, **Jen** 젠

Jessica 제시카 ➡ **Jessie** 제시

Joanna 조애너 ➡ **Jo** 조

Judith 주디스 ➡ **Judy** 주디

Katherine 캐서린 ➡ **Karen** 카렌

Larissa 라리사 ➡ **Lacey** 레이시

Laura 로라 ➡ **Laurie** 로리

Lillian 릴리언 ➡ **Lilli, Lily** 릴리

Lucile 루실 ➡ **Lucie** 루시

Margaret 마가렛 ➡ **Maggie** 매기, **Meg** 멕, **Meggan** 메건

Martha 마사 ➡ **Mart** 마트, **Marty** 마티, **Mat** 맷

Mary 메어리 ➡ **Molly** 몰리, **Polly** 폴리

Matilda 마틸다 ➡ **Matty** 매티, **Tilda** 틸다

Nicole 니콜 ➡ **Nickie** 니키

Pamela 파멜라 ➡ **Pam** 팸

Patricia 패트리샤 ➡ **Pat** 팻, **Patty** 패티

Penelope 페넬로페 ➡ **Penney** 페니, **Pennie** 페니

Rebecca 레베카 ➡ **Becky** 베키

Samantha 사만사 ➡ **Sam** 샘

Sophia 소피아 ➡ **Sophie** 소피, **Sophy** 소피

Susan 수전 ➡ **Sue** 수, **Suzie** 수지

Theresa 테레사 ➡ **Terry** 테리

남자 애칭

Abraham 에이브러햄 ➡ **Abe** 에이브

Albert 앨버트 ➡ **Al** 앨

Alfred 알프레드 ➡ **Al** 앨

Anthony 앤서니 ➡ **Tony** 토니

Arthur 아더 ➡ **Art** 아트, **Artie** 아티

Benjamin 벤저민 ➡ **Ben** 벤

Charles 찰스 ➡ **Charlie** 찰리, **Charley** 찰리

Christopher 크리스토퍼 ➡ **Chris** 크리스

Daniel 대니얼 ➡ **Dan** 댄, **Danny** 대니

Dominic 도미닉 ➡ **Nick** 닉

Donald 도널드 ➡ **Don** 돈, **Donnie** 도니

Edgar 에드가 ➡ **Ed** 에드

Edmund 에드문드 ➡ **Ed** 에드

Edward 에드워드 ➡ **Ed** 에드, **Eddie** 에디

Edwin 에드윈 ➡ **Ed** 에드, **Ned** 네드

Frederick 프레더릭 ➡ **Fred** 프레드, **Freddie** 프레디

Henry 헨리 ➡ **Hal** 할, **Hank** 행크, **Harry** 해리

James 제임스 ➡ **Jim** 짐, **Jimmy** 지미, **Jimmie** 지미

John 존 ➡ **Jack** 잭, **Johnny** 조니, **Johnnie** 조니

Joseph 조지프 ➡ **Joe** 조

Joshua 조슈아 ➡ **Josh** 조쉬

Lawrence 로렌스 ➡ **Larry** 래리

Melvin 멜빈 ➡ **Mel** 멜

Michael 마이클 ➡ **Mike** 마이크, **Mickey** 미키

Nicholas 니컬러스 ➡ **Nick** 닉, **Nicky** 니키

Patrick 패트릭 ➡ **Pat** 팻

Raymond 레이먼드 ➡ **Ray** 레이

Richard 리차드 ➡ **Dick** 딕, **Dicky** 디키, **Rick** 릭

Robert 로버트 ➡ **Rob** 랍

Samuel 새무얼 ➡ **Sam** 샘, **Sammy** 새미

Stephen 스티븐 ➡ **Steve** 스티브

Theodore 시어도어 ➡ **Ted** 테드, **Teddy** 테리

Thomas 토마스 ➡ **Tom** 탐, **Tommy** 타미

Timothy 티모시 ➡ **Tim** 팀, **Timmy** 티미

Walter 월터 ➡ **Walt** 월트

William 윌리엄 ➡ **Bill** 빌, **Billy** 빌리, **Will** 윌

미국에서 가장 많은 이름과 성씨 순위

순위	남자	여자	성
1	Michael 마이클	Brittany 브리트니	Smith 스미스
2	Christopher 크리스토퍼	Ashley 애슐리	Johnson 존슨
3	Matthew 매튜	Jessica 제시카	Williams 윌리엄즈 Williamson 윌리엄슨
4	Joshua 조슈아	Amanda 아만다	Brown 브라운
5	Andrew 앤드류	Sarah 새라	Jones 존스
6	James 제임스	Megan 메건	Miller 밀러
7	John 존	Caitlin 캐이틀린	Davis 데이비스
8	Nicholas 니콜러스	Samantha 사만다	Martin 마틴 Martinez 마티네즈
9	Justin 저스틴	Stephanie 스테파니	Anderson 앤더슨
10	David 데이빗	Katherine 캐서린	Wilson 윌슨

part 3

해외 여행에 꼭 필요한

영어 회화

해외 여행에 꼭 필요한
영어 회화

해마다 늘어나는 해외여행자 수. 2018년 기준으로 보면 해외로 출국하는 여행자 수가 무려 2720만명이었습니다. 불과 수십년 전만 해도 해외는커녕 신혼여행조차 국내 온천이나 제주도로 갔었습니다. 이제 청소년들도 해외여행을 가는 시대인데 떠나기 전에 기분 좋은 두근거림을 느낍니다. 그리고 언어가 다른 머나먼 타향에 가보면 견문도 넓어지고 몰랐던 자신의 모습을 발견하기도 합니다.

외국에서 돌아다니다 보면 현지인에게 길을 물어야 하는 경우가 생깁니다. 필자가 드리고 싶은 말씀은 모르는 이에게 말을 걸 때는 단 한마디 Excuse me!(실례합니다)라고 말을 걸라는 것입니다. 다짜고짜 용건부터 말하는 것은 그 자체로 실례라서 불쾌감을 주기 십상이고, 서툰 영어로 말하면 알아듣기도 어렵습니다. 이것은 어느 나라에 가더라도 마찬가지입니다. 이쪽이 아쉬워서 물어보는 것이니까 최소한의 예의는 차려야 합니다. 독자 여러분! 부디 즐거운 해외여행을 하시길 바랍니다.

주요 영어 사용국

	미국	영국	캐나다	호주
면적	982만㎢ (3위)	24만㎢ (80위)	998만㎢ (2위)	774만㎢ (6위)
인구	3억 2900만명 (3위)	6480만명 (22위)	3580만명 (37위)	2390만명 (51위)
국가 총생산	1위	8위	13위	17위
주요 대도시	뉴욕 870만 LA 400만 시카고 270만 휴스턴 230만	런던 860만 버밍엄 108만 맨체스터 51만	토론토 250만 몬트리올 162만 캘거리 98만 오타와 81만	시드니 475만 멜버른 450만 브리스번 224만

공항 도착

항공편 출발보다 2시간 전에는 도착해야 한다. 인천공항 터미널의 경우 좌우로 1km나 되므로 타야 할 항공사 카운터(A~N)를 스마트폰으로 미리 검색해 두면 허둥대며 헤매지 않을 것이다. 특히 제2터미널이 생겼기 때문에 집에서 출발하기 전 꼭 확인해 두어야 한다. 카운터의 배치는 때때로 변동이 생기기도 한다.

인천공항 터미널별 항공사 카운터
- 제1터미널: 아시아나항공, 일본항공, 제주항공, 티웨이항공 등
- 제2터미널: 대한항공, 델타항공 등

출국 수속

카운터에서 체크인을 할 때 항공사 직원은 탑승 게이트에 도착할 시간을 알려준다. 인천의 경우 출국 게이트가 4군데 정도 있는데 네이버 검색창에 "인천공항 출국장"이라고 치면 출국장별 대기인원수가 보인다. 현재 위치를 확인하여 덜 붐비는 가까운 곳으로 들어가자.

출국장에 들어갈 때 탑승권(boarding pass)과 여권(passport)을 들고 있어야 한다. 그리고 보안검사를 받는다. 바구니 두 개에 외투와 가방을 따로 넣고 금속탐지기를 통과한다. 다음은 출국심사를 받는데 만 19세 이상이면 자동출입국 서비스(여권 인식, 지문 인식, 얼굴 인식)를 받으면 시간

스마트폰의 인천공항 출국장 상황

을 절약할 수 있다. 그러면 이제 탑승구로 가면 된다. 도중에 면세점이 있으니 시간이 나면 쇼핑을 할 수도 있다.

탑승 게이트까지

　대형항공사는 탑승 게이트까지 가깝지만 저가항공사(LCC)의 경우는 탑승 게이트까지 셔틀열차 또는 버스로 이동해야 한다. 출발하기 30분 전에 탑승이 시작된다. 승무원에게 다시 여권과 탑승권을 보여야 한다.

입국 심사

　비행기가 멈추고, 내려도 된다는 기내방송이 나오면 내려서 입국심사대(Immigration)로 간다. 세계적으로 미국의 입국심사 절차는 까다로운 편이다. 테러사건의 우려 때문일 것이다. 남의 집에 가면 행동을 조심해야 하듯, 외국에 가서는 모르는 것이 많으니 조심하는 마음을 갖는 것이 필요하다.

　1] 입국심사대에서는 줄 서서 기다렸다가 호출되면 심사를 받는다.

　2] 양손 손가락 열 개의 지문을 스캔 받고 사진을 찍힌다.

　심사관에게 질문을 받으면 상대의 눈을 보고 대답해야 한다. 입국 목적, 체류 기간, 체류 장소 등 질문을 받을 수 있다. 심사가 끝나면 수하물 찾는 곳(Baggage Claim)으로 가서 여행가방을 찾는다. 마지막으로 세관에서는 세관신고서(Customs Declaration)를 제출한다. 반입 금지품목은 생과일, 라면, 육포, 건어물 등이다.

팁 상식

　우리나라엔 없지만 미국엔 팁(tip)을 주는 문화가 있다. 참고로 팁을 안 주었다고 처벌을 받는 것은 아니지만 팁을 주는 것이 당연한 문화라고 생각하면 된다. 보통 레스토랑이나 택시는 이용 요금의 15~20%이고, 호텔이나 공항에서 가방을 운반해 주는 경우엔 가방 하나에 1달러를 주면 된다.

1. 기본 회화 Basic Conversations

어디에 가든지 꼭 묻게 되는 표현이 있습니다. 눈치가 빠르면 절에 가도 조개젓을 얻어먹고, 품위 있는 자는 어디 가든 대접을 받습니다. 웃으며 예의를 갖춰 말을 걸면 좋은 대접을 받습니다.

□ 잠깐만요!

Excuse me!

익스큐즈 미

□ 말씀 좀 묻겠습니다.

May I ask a question?

메아이 애스커 퀘스천

□ 천천히 말씀해 주세요.

Please speak more slowly.

플리즈 스픽 모어 슬로울리

□ 여기가 어디예요?

Where are we?

웨어라 위

□ 화장실은 어디 있습니까?

Where is the restroom?

웨어리즈 더 레슷룸

□ 언젠가 또 만나길 바랍니다.

I hope we meet again

아이호웁 위 밋 어겐

2. 기내에서 In flight

장거리 비행을 하는 것은 지루한 일이고 발이 붓기도 합니다. 같은 자세로 장시간 유지하는 것은 건강에 좋지 않습니다. 스트레칭이나 지압이라도 하면 한결 좋습니다. 높은 고도에서는 귀가 멍한 현상이 생깁니다. 껌을 씹거나 사탕을 물고 있으면 도움이 됩니다.

□ 음료는 뭐가 있나요?

What kind of drinks do you have?

왓 카인덥 주링스 두유 햅

□ 커피를 부탁합니다.

Coffee, please.

커휘 플리즈

□ 맥주를 주세요.

Beer, please.

비어 플리즈

□ 제 좌석은 어디 있습니까?

Where is my seat?

웨어리즈 마이 씨-트

□ 미안합니다. 좀 지나가겠습니다.

Excuse me. May I go through?

익스큐즈미 메이 아이 고우 쓰루-

□ 모포 좀 주시겠어요?

May I have a blanket?

메아이 해버 블랭킷

3. 입국 수속 Immigration

기내에서 내려도 된다는 기내방송이 나오면 걸어서 입국심사대(Immigration)로 간다. 미국의 입국심사 절차는 번거로운 편이다. 테러사건의 후유증 때문이다. 남의 집에 가면 행동을 조심해야 하듯, 외국에서는 사정을 모르는 것이 많으니 조심하는 마음이 필요하다.

□ 저는 한국에서 왔습니다.

I'm from South Korea.

아임 프럼 사우쓰코리어

□ 여권을 보여주세요.

May I see your passport?

메아이 씨 유어 패스폿

□ 입국 목적은 무엇입니까?

What's the purpose of your visit?

왓스 더 퍼퍼스 업 유어 뷔짓

□ 관광[비즈니스]입니다.

Sightseeing. [Business]

싸잇씨잉 [비즈니스]

□ 얼마나 머무실 겁니까?

How long will you stay?

하울롱 윌유 스테이

□ 7일 체류할 예정입니다.

I will stay 7 days.

아이 윌 스테이 세븐 데이즈

□ 그랜드 호텔에 머무를 겁니다.

I'll stay at the Grand Hotel.

아일 스테이 앳 더 그랜드호우텔

□ 귀국하실 항공권은 갖고 있습니까?

Do you have a return ticket?

두유 해버 리턴티킷

□ 이게 첫 방문입니다.

This is my first visit.

디스 이즈 마이 퍼스트 비짓

□ 이 가방을 열어주세요.

Please open this bag. 플리즈 어픈 디스 백

□ 신고할 것은 없습니다.

I have nothing to declare.

아이햅 나씽 투 디클레어

□ 이건 제가 쓸 것입니다.

This is for my personal use.

디씨즈 퍼 마이 퍼스널 유즈

□ 이건 친구에게 줄 선물입니다.

This is a gift for my friend.

디씨즈 어 기프트 퍼 마이 프렌드

4. 길 묻기 Asking the way

낯선 곳에 여행 시 현지인에게 길을 물어야 하는 경우가 있습니다. 낯선 이에게 말을 걸 때는 꼭 Excuse me!라고 양해를 구합시다. 용건부터 말하는 것은 그 자체로 실례입니다. 이쪽이 아쉬워서 물어보는 것이니 최소한의 예의는 보여줍시다.

□ 걸어서 몇 분 걸립니까?

How long does it take on foot?

하울롱 더짓 테익 온풋

□ 여기서 걸어서 5분 정도입니다.

It takes 5 minutes from here on foot.

잇테익스 화입 미닛 프럼 히어 온풋

□ 여기에서 가깝습[멉]니까?

Is it near [far from] here? 이짓 니어[화 프럼] 히어

□ 하이드공원은 이 길로 가면 맞습니까?

Is this the right way to Hyde Park?

이즈 디스 더 롸잇 웨이 투 하이드 팍

□ 호텔을 찾고 있습니다.

I'm looking for a hotel.

아임 루킹퓌러 호우텔

□ 이 동네는 처음입니다.

I'm a stranger here.

아임 어 스트레인저 히어

5. 택시, 버스 이용 Getting Taxi & Bus

버스에서는 시끄럽게 떠들지 않는 것이 좋은 매너입니다. 버스는 물론 팁이 필요 없지만 택시는 미터요금의 5~10% 정도를 팁으로 얹어주는 것이 보통입니다. 팁은 절대적 의무 는 아니므로 어려우면 미안하다고 양해를 구해도 될 듯합니다.

□ JFK공항까지 부탁합니다.

Go to JFK Airport.

고우투 제이엡케이 에어풋

□ 시내까지 가주세요.

Go to downtown. 고우투 다운타운

□ 공항까지 얼마입니까?

How much does it cost to go to the airport?

하우머취 더짓 코슷 투고우루 디 에어폿

□ 여기서 세워주세요.

Stop here, please.

스탑 히어 플리즈

□ 트렁크를 열어 주시겠어요?

Open the trunk, please.

어픈 더 추렁크 플리즈

□ 버스 정류소는 어디에 있습니까?

Where is the bus stop?

웨어리즈 더 버스탑

□ 버스표는 어디서 삽니까?

Where can I buy a bus ticket?

웨어 캔아이 바이어 버스티킷

□ 이 버스는 코리아타운에 갑니까?

Does this bus go to Korea town?

더즈 디스 버스 고우루 코리어 타운

□ 이 버스가 국립박물관을 지나갑니까?

Does this bus pass by the National Museum?

더즈 디스 버스 패스바이 더 내셔널 뮤지엄

□ 다음 버스는 몇 시에 출발합니까?

What time does the next bus leave?

왓타임 더즈 더 넥스트 버스 리브

□ 버밍검에 도착하면 말해주시겠어요?

Could you tell me when we arrive at Birmingham?

쿠주 텔미 웬 위 어라입 앳 버밍검

* Birmingham은 버밍검 또는 버밍엄으로 발음된다. 미국인은 버밍햄이라고 한다.

□ 여기에서 내릴게요.

I get off here.

아이 게로프 히어

□ 다음 정거장에서 내립니다.

I'll get off at the next stop.

아일 게로프 엣 더 넥스트 스톱

6. 열차 이용 Taking Train

세계 최고(最古) 역사를 자랑하는 영국 철도. 그런데 철도 이용 시 목적지 뿐 아니라 경유지도 확인해야 할 때가 있습니다. 안 그러면 멀리 돌아가는 열차를 탈 수도 있습니다. 뉴욕 지하철은 통과 역마다 방송을 하지 않으니 현재 위치를 확인할 것.

□ 여기서 가까운 지하철역은 어디입니까?

Where is the nearest subway station?

웨어리즈 더 니어리스트 섭웨이 스테이션

□ 제가 갈아타야 합니까?

Must I transfer?

머스트 아이 트랜스퍼-

□ 어느 역에서 환승합니까?

At which station should I transfer?

앳 위치 스테이션 슈다이 트랜스퍼

□ 이 버스는 시청까지 갑니까?

Does this train go to the city hall?

더즈 디스 추레인 고우 투 더 시티홀

□ 시카고에 가는 열차는 어느 승강장에서 출발합니까?

Which platform does the train for Chicago leave from? 위치 플랫폼 더즈 더 추레인 퍼 시카고 리-브 프럼

□ 이 열차의 좌석을 예매하고 싶은데요.

I'd like to reserve a seat on this train.

아이드 라익 투 리저-브 어 시-트 온 디스 추레인

□ 이 표를 취소하고 싶은데요.

Can I cancel this ticket.

캔 아이 캔슬 디스 티킷

□ 여기는 제 자리입니다.

I think this is my seat.

아이 씽크 디시즈 마이 씨-트

□ 이 자리에 누가 있습니까?

Is this seat taken?

이즈 디시-트 테이컨

□ 식당차가 있습니까?

Is there a dining car?

이즈 데어러 다이닝 카-

□ 보스턴대학은 몇 번째 역입니까?

How many stops to Boston College?

하우 매니 스탑스 투 보스턴 칼리쥐

□ 급행열차는 있나요?

Is there an express train?

이즈 데어 언 익스프레스 추레인

□ 사고 때문에 열차가 지연되고 있습니다.

The trains are delayed due to an accident.

더 추레인즈 아 딜레이드 듀투 언 액시던트

7. 식당에서 At the Restaurant

식사 후 카드로 계산할 경우 식사대만 계산하고 팁(식대의 15~20%)은 별도로 현금으로 주는 것이 안전하다고 합니다. 극히 일부 못된 웨이추레스가 계산서를 가지고 장난을 치는 경우가 있답니다. 영어에 서툰 동양인이라고 바가지를 씌우는 경우도 있다고 합니다. 그리고 영수증에 사인할 때 액수를 꼭 확인해야 합니다.

□ 얼마나 기다려야 하나요?

How long is the wait?

하우롱 이즈 더 웨잇

□ 금연석은 있습니까?

Is there a non-smoking section?

이즈 데어러 넌스모우킹 섹션

□ 창가 자리에 앉아도 될까요?

Can I have a table by the window?

캐나이 해버 테이블 바이더 윈도우

□ 개별 룸은 있습니까?

Do you have a private room?

두유 해버 프라이빗 룸

□ 구석 자리를 부탁합니다.

I'd like a table in the corner.

아이드 라이커 테이블 인더 코너

□ 주문해도 될까요?

May I order, please?

메아이 오더 플리즈

□ 이걸로 하겠습니다.

I'll take this. 아일 테익 디스

□ 저도 같은 걸 부탁합니다.

Give me the same one. 깁 미- 더 세임 원

I'll have the same. 아일 햅 더 쎄임

□ 주문을 변경해도 될까요?

Can I change my order?

컨 아이 체인쥐 마이 오더

□ 작은 접시를 주세요.

May I have a small dish?

메아이 해버 스몰 디쉬

□ 물을 주세요.

Water, please.

워러- 플리-즈

□ 아주 맛있어요!

It is very delicious!

이리즈 베리 딜리셔스

□ 너무 짜요.

This is too salty.

디시즈 투 솔티

□ 음식은 뭐든 잘 먹어요.

I eat any kind of food.

아이 잇 애니카인덥 푸드

□ 제겐 너무 답니다.

This is too sweet.

디시즈 투 스윗

□ 기름기 많은 음식을 안 좋아해요.

I don't like too greasy food.

아이돈 라익 투 그리지 푸드

□ 양껏 많이 먹었습니다.

I ate my fill.

아이 에잇 마이휠

□ 제가 저녁을 대접해드리고 싶습니다.

Let me treat you to dinner.

렛미 추릿츄 투 디너

□ 이건 어떻게 먹으면 됩니까?

How do I eat this?

하우 두아이 잇 디스

□ 계산을 하겠습니다.

May I have the bill, please?

메아이 햅 더빌 플리즈

□ 팁은 얼마를 드려야 해요?

How much should the tip be?

하우머취 슈더 팁비

8. 쇼핑하기 Shopping

쇼핑하기 좋은 도시로는, 미국 필라델피아, 뉴욕, LA, 오스틴, 영국 런던, 호주 멜버른 등이 쇼핑 천국이다. 쇼핑을 제대로 하려면 많이 걸어야 하니 편한 옷과 신발이 필수다. 런던이라면 오전 10시와 오후 1시가 덜 붐비는 시간대다. 미국 마트는 큰 나라 답게 1층에 아주 넓은 면적을 자랑한다.

□ 그냥 보는 거예요.

Just looking. 저슷 루킹

□ 선물을 사고 싶어요.

I'd like to buy a present.

아이드 라익투 바이어 프레즌트

□ 아버지께 드릴 선물을 찾고 있어요.

I'm looking for something for my father.

아임 루킹퍼 섬씽 퍼 마이 화더

□ 만져 봐도 될까요?

Can I try it? 캐나이 추라잇

□ 같은 것으로 다른 사이즈는 있습니까?

Do you have the same thing in other sizes?

두유햅 더 세임씽 인 아더 사이짓

□ 좀 더 큰[작은] 것이 있습니까?

Do you have a bigger [smaller] one?

두 유- 해브 어 비거-[스몰-러-] 원

□ 다른 것을 보여주세요.

Show me another one, please.

쇼우 미 어나더 원 플리-즈

□ 이 자켓은 너무 화려합니다.

This jacket is too flashy.

디스재킷 이즈 투 플래쉬

□ 다음에 다시 올게요.

I'll come again later.

아일 컴어겐 레이러

□ 거울은 어디 있나요?

Where is a mirror?

웨어리즈 어 미러

□ 사이즈가 맞지 않아요.

This is not my size.

디시즈 낫 마이 사이즈

□ 이게 딱 맞습니다.

This is just my size.

디시즈 저슷 마이 사이즈

□ 여기가 너무 꽉 끼네요.

It feels tight here.

잇 필스 타잇 히어

□ 너무 비싸네요.

Too expensive for me.

투 익스펜십 포미

□ 이런 디자인은 좋아하지 않습니다.

I don't like this kind of design.

아이돈 라익 디스 카인덥 디자인

□ 이건 여성용입니까?

Is this for ladies?

이즈디스 풔 레이디즈

□ 최신형입니까?

Is this the latest model?

이즈디스 더 레이티슷 마들

□ 그건 6번 코너에 있습니다.

It is in section 6.

이리즈 인 섹션 식스

□ 예산은 2백 달러 정도입니다.

My budget is about 200 dollars.

마이 버짓이즈 어바웃 투헌드럿 달러즈

□ 지불은 어디서 합니까?

Where is the cashier?

웨어리즈 더 캐시어

□ 전부해서 얼마나 됩니까?

How much is it all together?

하우 머치 이짓 올 투게더

□ 신용카드도 됩니까?

May I use a credit card?

메이아이 유저 크레딧 카드

□ 영수증을 주세요.

Can I have a receipt, please?

커나이 해버 리싯 플리즈

9. 호텔 hotel

미국 호텔에는 슬리퍼, 칫솔이 없습니다(문화 차이). 욕실에 샤워 시설은 있으나 벽에 고정되어 있고, 샤워호스가 없습니다. 욕실에서 샤워할 때는 샤워 커튼을 욕조 안으로 드리우고 해야 합니다. 욕조 밖에 물 빠짐 시설이 없기 때문입니다. 그리고 개인적 서비스를 받을 때는 건당 팁으로 1달러를 건네야 합니다.

□ 한국에서 예약했습니다. 이름은 이수정입니다.

I made a reservation in Korea. My name is Yi Sujeong.

아이 메이드 어 레저베이션 인 코리어 마이 네임이즈 이 수정

□ 1인실로 하고 싶은데요.

I'd like a room for one.

아이드 라이크 어 룸- 퍼 원

□ 방값은 얼마입니까?

What is the rate?

왓 이즈 더 레이트

□ 요금은 아침 식사도 포함된 것입니까?

Is breakfast included?

이즈 브렉퍼스트 인클루-딧

□ 퇴실시간은 몇 시입니까?

When is check-out time?

웬 이즈 체크아웃 타임

□ 식당은 어디에 있습니까?

Where is the dining room?

웨어리즈 더 다이닝 룸-

□ 식당은 몇 시에 엽니까?

What time does the dining room open?

왓 타임 더즈 더 다이닝룸- 오픈

□ 이 짐을 맡아 줄 수 있습니까?

Can you keep this baggage for me?

캔 유 킵- 디스 배기지 훠 미-

□ 맡긴 짐을 찾고 싶은데요.

May I have my baggage back?

메아이 해브 마이 배기지 백

□ 미용실[이발소]는 있습니까?

Is there a beauty salon[barber]?

이즈 데어 어 뷰-티 설란[바-버]

□ 귀중품을 맡아주시겠습니까?

Can I check my valuables with you?

캔 아이 첵 마이 벨류어블즈 위드 유

□ 공항까지 얼마나 걸립니까? (시간)

How long does it take to go to the airport?

하우 롱 더즈 잇 테이크 투 고우 투 디 에어포-트

□ 잠깐 기다려 주시겠어요?

Can I get another minute?

캐나이 겟 어나더 미닛

*Wait a minute!이나 Just a moment!보다 정중한 표현입니다.

□ 들어오세요.

Come in. 컴 인

□ 방을 바꾸고 싶어요.

I'd like to change my room.

아이드 라잌 투 체인지 마이 룸-

□ 이 방은 시끄러워요.

This room is noisy.

디스 룸- 이즈 노이지-

□ 따뜻한 물이 안 나와요.

There's no hot running water.

데어즈 노우 핫 러닝 워-러-

□ 비누가 없어요.

There's no soap.

데어즈 노우 소우프

□ 방에다 열쇠를 두었어요.

I left my key in my room.

아이 레프트 마이 키- 인 마이 룸-

□ 화장실에 물이 안 내려가요.

The toilet doesn't flush.

더 토일럿 더즌트 플러쉬

□ 텔레비전이 안 나와요.

The TV doesn't work.

더 티-비- 더즌트 워-억

□ 직원을 보내 주세요.

Please send someone up. 플리-즈 센드 썸원 업

10. 관광하기 Sightseeing

미국은 거대한 영토를 갖고 있어서 본토만 해도 시간대(time zone)가 네 개나 된다. 태평양 표준시(Pacific Standard Time) 산악표준시(Mountain Standard time) 중부표준시(Central Standard time) 동부표준시(Eastern Standard time)가 그것이다. 현지인 중에는 자기가 사는 주 바깥을 잘 모르는 경우가 많다.

□ 관광안내소는 어디에 있습니까?

Where is the tourist information office?

웨어리즈 더 투어리슷 인포메이션 어퓌스

□ 관광지도를 주시겠어요?

Can I have a sightseeing map? 컨 아이 해버 싸잇씨잉 맵

□ 여기서 볼 만한 곳을 추천해 주시겠어요?

Could you recommend some interesting places?

쿠쥬 레커멘드 썸 인터리스팅 플레이시즈

□ 어떤 투어가 있습니까?

What kind of tours do you have?

왓 카인덥 투어스 두 유 햅?

□ 그랜드캐넌에 가는 투어가 있습니까?

Do you have any tours to the Grand Canyon?

두 유 햅 애니 투어즈 투 더 그랜드 캐년

□ 당일치기로 어디에 갈 수 있습니까?

Where can I go for a day trip?

웨어 컨 아이 고우 포러 데이 추립

□ 경치가 좋은 곳을 아십니까?

Do you know any place with a nice view?

두 유 노우 애니 플레이스 위더 나이스 뷰

□ 지금 축제를 하고 있나요?

Are there any festivals now?

아 데어래니 페스티벌스 나우

□ 역사유적이 있는 곳을 가고 싶어요.

I want to visit some historic sites.

아이 원투 비짓 섬 히스토릭 사이츠

□ 여기서 멉니까?

Is it far from here?

이짓 파 프럼 히어

□ 거기까지 걸어서 갈 수 있습니까?

Can I walk there?

컨 아이 웍 데어

□ 갔다 오는데 얼마나 시간이 걸립니까?

How long does it take to get there and back?

하우 롱 더짓 테익 투 겟 데어 앤 백

□ 몇 시에 어디서 출발합니까?

What time and where does it leave?

왓 타임 앤 웨어 더짓 리브

□ 시간은 얼마나 걸립니까?

How long does it take?

하우 롱 더짓 테익

□ 개인당 비용은 얼마입니까?

What's the rate per person?

왓스 더 레잇 퍼 퍼슨

□ 성인은 50달러입니다.

It's 50 dollars for an adult.

잇스 피프티 달러즈 포 언 어덜트

□ 중식 포함입니까?

Does it include lunch?

더짓 인클룻 런치

□ 버스로 갈 수 있습니까?

Can I go there by bus?

컨 아이 고우 데어 바이 버스

□ 여기서 표를 살 수 있습니까?

Can I buy a ticket here?

컨 아이 바이 어 티킷 히어

□ 입장료는 얼마입니까?

How much is the admission [entrance fee]?

하우 머취즈 디 어드미션 [엔트런스 퓌]

□ 어른 두 장 어린이 한 장 주세요.

Two adults and one child, please.

투 어덜츠 앤 원 촤일드 플리즈

□ 이 티켓으로 모든 전시를 볼 수 있습니까?

Can I see everything with this ticket?

컨 아이 씨 에브리씽 위디스 티킷

□ 제3회 공연 표를 사겠습니다.

I'd like to buy tickets for the third show.

아이드 라익투 바이 티킷츠 포더 써드 쇼우

□ 오늘밤에 어떤 공연이 있나요?

What is on tonight?

와리즈 온 투나잇

□ 공휴일에도 엽니까?

Is it open on public holidays?

이짓 오픈 온 퍼블릭 할러데이즈

□ 안으로 들어갈 수 있나요?

Can I go inside?

컨아이 고우 인사이드

□ 티켓 한 장에 얼마입니까?

How much is one ticket?

하우 머취 이즈 원 티킷

□ 어른 2장 주세요.

Two adults, please.

투 어덜츠 플리즈

□ 프로그램 팜플렛이 있나요?

Do you have a guide for programs?

두유 해버 가이드 포 프로그램즈

11. 박물관 관람 Going to the Museum

1759년에 개관한 영국박물관(런던)은 루브르(파리), 바티칸(로마)과 함께 세계 3대 박물관이다. 세계를 지배한 대영제국 시절 각국으로부터 가져온 유물이 가득하다. 미국에선 메트로폴리탄 미술관(뉴욕)이 세계4대 박물관으로 인정받는다.

□ 박물관은 오늘 엽니까?

Is the museum open today?

이즈 더 뮤지엄 오픈 투데이

□ 메트로폴리탄 박물관은 몇 시에 문을 엽니까?

What time is the Metropolitan Museum open?

왓 타임 이즈 더 메트로폴리턴 뮤지엄 오픈

□ 몇 시에 문을 닫습니까?

When is the closing time? 웨니즈 더 크로징 타임

□ 짐을 맡아 주세요.

I'd like to check this baggage.

아이드 라익 투 첵 디스 배기쥐

□ 재입장할 수 있습니까?

Can I reenter?

컨 아이 리엔터

□ 뭔가 특별전이 있습니까?

Are there any special exhibitions?

아 데어레니 스페셜 엑시비션즈

□ 고흐의 작품은 어디에 있습니까?

Where are the works of Gogh?

웨어라 더 웍스 업 고우

□ 저 동상은 뭐지요?

What's that statue?

왓스 댓 스태츄

□ 이 박물관에서 제일 유명한 전시물은 뭔가요?

What's the most famous exhibit in this museum?

왓스 더 모스트 페이머스 익지빗 인 디스 뮤지엄

□ 출구는 어디인가요?

Where is the exit?

웨어리즈 디 엑짓

□ 화장실은 어디입니까?

Where's the restroom?

웨어즈 더 레스트룸

□ 내부에서 사진촬영은 괜찮습니까?

May I take a picture inside?

메아이 테이커 픽춰 인사이드

12. 사진 찍기 taking photos

세계인구의 절반 이상이 휴대폰으로 사진을 찍는 시대가 되었다. 유명 관광지에 가서 인증샷을 남기는 것도 유쾌한 일이다. 스마트폰으로 자기 모습을 찍는 것을 셀카(셀프카메라)라고 하는데 이것은 엉터리 영어이고 정식으론 selfie라고 한다.

□ 여기서 사진을 찍어도 됩니까?

May I take a picture here?

메아이 테이커 픽쳐 히어

□ 여기서 플래시를 터뜨려도 됩니까?

May I use flash here? 메아이 유즈 플래쉬 히어

□ 저희들 사진 좀 찍어 주시겠어요?

Would you please take a picture for us?

우쥬 플리즈 테이커 픽쳐 포러스

□ 알겠습니다. 웃으세요. 좋습니다.

All right. Smile. Good. 올 라잇 스마일 굿

□ 당신 사진을 찍어도 됩니까?

May I take your picture?

메아이 테이큐어 픽쳐

□ 동영상을 찍어도 됩니까?

May I use a video camera?

메아이 유져 비디오 캐머러

13. 명소 관광 Tourist attractions

미국의 10대 관광명소를 소개한다. Golden Gate Bridge(금문교), Central Park(센트럴공원), Grand Canyon(그랜드캐년), Times Square(타임즈광장), Brooklyn Bridge(브루클린 다리), White House(백악관), Las Vegas(라스베가스), Niagara Falls(나이아가라폭포), Hollywood(헐리웃), Miami Beach(마이애미해변)

□ 꼭 봐야할 곳은 어디인가요?

Which places are must-sees?

위치 플레이시즈 아 머스트씨즈

□ 정말 멋진 경치네요!

What a fantastic sight! 와러 팬태스틱 사이트

□ 전망이 아주 멋지네요!

What a nice view!

와러 나이스 뷰

□ 기념품 상점은 어디입니까?

Where is the gift shop?

웨어리즈 더 깁트 샵

□ 입장해도 되나요?

Can I get in?

컨아이 게린

□ 저게 뭔지 아세요?

Do you know what that is?

두유 노우 왓 대리즈

□ 언제 세워진 겁니까?

When was it built?

웬 워즈 잇 빌트

□ 여기 누가 살았습니까?

Who lived here?

후 리브드 히어

□ 저는 건축에 관심이 있습니다.

I'm interested in architecture.

아임 인터리스티딘 아키텍춰

□ 저 성당 이름은 뭡니까?

What is the name of the cathedral?

와리즈 더 네임 업더 커씨드럴

□ 이 건물은 전망대가 있나요?

Is there an observatory in this building?

이즈 데어런 옵저베이토리 인 디스 빌딩

□ 여기서 얼마나 머뭅니까?

How long do we stop here?

하우 롱 두 위 스탑 히어

□ 몇 시에 버스로 돌아오면 됩니까?

By what time should I be back to the bus?

바이 왓 타임 슈다이 비 백 투 더 버스

□ 퍼레이드는 언제 있습니까?

What time do you have the parade?

왓 타임 두 유 햅 더 퍼레이드

□ 가이드 안내는 10분 후에 시작됩니다.

A guide tour will start in ten minutes.

어 가이드 투어 윌 스탓 인 텐 미닛츠

□ 지금 어디로 가고 있나요?

Where are we headed? 웨어 라 위 헤딧

14. 맛사지 받기 Massage parlor

맛사지 뿐 아니라 갖가지 서비스를 받으면 tip을 지불해야 한다. 그래서 훌륭한 서비스를 받았다면 돈이 아깝다는 생각이 들지 않는다. 문제는 형편없는 서비스를 받았을 때가 된다. 여기에 guideline을 제시해 드린다. 박수 쳐주고 싶은 서비스: 20%(규정 요금의), 보통 서비스 15%, 실망스러운 서비스: 10%.

□ 어떤 코스가 있습니까?

What kind of treatments do you have?

왓 카인덥 트릿먼츠 두유 햅

□ 기본코스는 얼마입니까?

How much is the basic course?

하우 머취 이즈 더 베이직 코스

□ 어디에서 지불해요?

Where should I pay? 웨어 슛 아이 페이

□ 한 시간 정도로 부탁해요.

One hour, please.

원 아워 플리즈

□ 기분이 좋네요.

I feel good.

아이 필 굿

□ 아파요.

It hurts.

잇 허츠

15. 트러블 상황 Emergency situation

범죄 표적이 되지 않기 위해서 관광객임을 알 수 있는 행위(관광안내책자 소지 따위)는 피하는 게 좋다. 행인이 드문 곳을 혼자서 걷는 것도 문제가 될 수 있다. 그리고 미국 화장실은 성범죄 방지를 위해 문 아래쪽 40cm 정도가 오픈 되어 있다. 그래서 노크를 할 필요가 없다.

□ 도와주세요!

Help me! 헬프 미

□ 그만해!

Stop it! 스타핏

□ 경찰을 불러주세요.

Call the police!

콜더 폴리스

□ 지갑을 도난 당했습니다.

My purse was stolen.

마이 퍼스 워즈 스톨른

□ 여권을 잃어버렸습니다.

I have lost my passport.

아이햅 로스트 마이 패스포트

□ 한국대사관은 어디 있습니까?

Where is the Korean Embassy?

웨어리즈 더 코리언 엠버시

16. 질병 표현 Sickness

감기만 걸려도 병원에 가는 한국인과 달리 미국에선 여간 아프지 않으면 병원에 가지 않는다. 의료비가 엄청나게 비싸기 때문이다. 구급차를 부르는데도 돈이 든다. 대단치 않은 수술을 받고 1주일 입원할 경우엔 한국의 부자라도 감당할 수 없는 비용이 청구된다.

□ 몸이 아파요.

I feel sick. 아이 필 식

□ 여기가 아파요.

I have a pain here.

아이 해버 페인 히어

□ 감기 걸렸어요.

I have a cold.

아이 해버 코울드

□ 오한이 납니다.

I have chills.

아이 햅 췰스

□ 토할 것 같아요.

I feel nauseous.

아이 필 노-셔스

□ 열이 나요.

I have a fever.

아이 해버 휘버

나도 영어로 말할 수 있다!

완전 초보 영어 첫걸음

초판 8쇄 발행 | 2024년 9월 5일

지은이 | 이형석
디자인 | 강성용

제 작 | 선경프린테크
펴낸곳 | Vitamin Book
펴낸이 | 박영진

등 록 | 제318-2004-00072호
주 소 | 07250 서울특별시 영등포구 영등포로 37길 18 리첸스타2차 206호
전 화 | 02) 2677-1064
팩 스 | 02) 2677-1026
이메일 | vitaminbooks@naver.com
웹하드 | ID vitaminbook / PW vitamin

©2019 Vitamin Book

ISBN 979-11-89952-52-5 (13740)

잘못 만들어진 책은 바꿔드립니다.

웹하드에서
mp3 파일 다운 받는 방법

💬 다운 방법

STEP 01 웹하드 (www.webhard.co.kr)에 접속
아이디 (vitaminbook) 비밀번호 (vitamin) 로그인 클릭

STEP 02 내리기전용 클릭

STEP 03 Mp3 자료실 클릭

STEP 04 완전 초보 영어 첫걸음 클릭하여 다운